本书出版获湖南科技学院汉语言文字学重点学科、永州方言与女书研究所资助

生活中的语言学

贡贵训　于　皓◎著

安徽师范大学出版社

·芜湖·

责任编辑：潘　安
装帧设计：陈　爽
责任印制：郭行洲

图书在版编目（CIP）数据

生活中的语言学/贡贵训，于皓著．—芜湖：安徽师范大学出版社，2015.6(2017.9重印)
ISBN 978 - 7 - 5676 - 2001 - 8

Ⅰ.①生…　Ⅱ.①贡…　②于…　Ⅲ.①社会语言学—通俗读物　Ⅳ.①H0 - 49

中国版本图书馆 CIP 数据核字（2015）第 123151 号

生活中的语言学

贡贵训　于　皓　著

出版发行：安徽师范大学出版社
　　　　　芜湖市九华南路 189 号安徽师范大学花津校区　　　邮政编码：241002
网　　址：http：//www. ahnupress. com/
发 行 部：0553 - 3883578 5910327 5910310（传真）E - mail：asdcbsfxb@ 126. com
印　　刷：虎彩印艺股份有限公司
版　　次：2015 年 6 月第 1 版
印　　次：2017 年 9 月第 2 次印刷
规　　格：700 mm×1000 mm　1/16
印　　张：12
字　　数：200 千
书　　号：ISBN 978 - 7 - 5676 - 2001 - 8
定　　价：24. 00 元

前 言

汉语言文学专业（本科）开设两类课程：一是文学类，二是语言类。文学类课程一般分类较细、门数多，语言类的课程主要就是"现代汉语""古代汉语""语言学概论"三门。从学生的反映来看，大多数人认为文学类课程故事性强，比较有意思，而语言类课程就显得枯燥无味，学习起来很困难。

但实际上，语言与我们的生活关系非常密切，我们的生活中处处都有语言学的知识。比如永州话中乞丐为什么叫"告发子"？蛙类动物为什么叫"麻怪"？长沙话中"腐乳"为什么叫"猫乳"？为什么有的古人写的律诗、绝句今天读起来不符合平仄规律，也不押韵？我们说的家乡话到底属于哪种方言？理发店的广告牌上写着"今日说发"运用了什么修辞手法，存在什么问题？这些问题的回答都需要语言学的知识。当我们用一双发现的眼睛，带着一点点语言学知识来观察生活中的语言现象时，我们就会觉得语言学是如此生动有趣。编写本书的最初目的，就是想让大家了解语言学、学习语言学，进而能够喜欢上语言学。所以，在写作的时候，我们并没有强求面面俱到，也没有希望读者在读完这本书以后可以解决所有的语言学问题。我们只是想抓住生活中经常听到、看到的一些现象，从语言学的角度来加以分析，让读者对语言学有一个初步了解。如果能够引起读者的一点兴趣，我们的目的就已经达到。由于篇幅限制，很多内容无法在本书中体现，有些问题只能简单介绍，如果想进一步系统学习语言学知识，我们列出了一些建议阅读的书目，可以参考。

在"趣味性""诱导性"这两个目标指导下，我们选取了生活中常见的六个问题进行阐述，加上绪论部分，共分为七章。第一章简单介绍什么是语言、什么是语言学，在介绍完基本概念后，我们讲解了语言学到底"有什么用"，这也是大家经常问的问题。第二章介绍汉语方言的形成、差异及其表现，还对社会方言做了简单介绍。第三章讨论语言的发展问题，对语言变化的原因、变化的特点和变化的表现做简单介绍。第四章讨论不同语言之间的接触与相互之间的影响。地名是我们在日常生活中经常接触到的专有名词，地名中蕴含了哪些语言学知识？这在第五章中可以找到。第六章讲避讳，阐述人们在社会交往中为什么要避讳、如何避讳等。第七章简单介绍文字的起源、发展以及语言文字运用中存在的一些常见问题。

因为写作本书的目的是想引起读者对语言学的兴趣，所以在写作过程中穿插、引用了一些笑话、故事、图片等，希望读者看了之后能够有所收获。本书既可以作为汉语言文学专业语言类课程的补充读物，也可以供普通读者阅读使用。

由于编写者水平有限，有些问题可能表述不准确，希望读者批评。

目　录

第一章 绪 论

——语言是什么

语言是什么，这个问题好像问得完全没有必要。语言对于我们来说太平常了，就像我们要呼吸、要吃饭一样，我们每天都要说话，这不就是语言吗？而事实上，解释语言是什么，远远没有那么简单。据统计，单单给"语言"这种现象下的定义就有几十种，可见大家对语言的认识不同，这从侧面反映了"语言"是多么复杂。

第一节 语言和语言学

一、什么是"语言"

赵元任先生在《语言问题》中这样对"语言"进行界定：语言是人跟人互通信息，用发音器官发出来的、成系统的行为方式。其特征表现为：第一，它是一种自主的、有意识的行为。所以，咳嗽、打喷嚏不是语言，情不自禁地哭或笑不是语言，可是唤人注意的"啊哈"是语言，因为那是成心说的、有意识的行为。第二，语言跟所表达的事物的关系，完全是任意的，完全是约定俗成的关系，这是已然的事实，没有天然的、必然的关系。

吕叔湘认为，语言是人类崇拜的对象，当神物来崇拜，人们用语言来祝福，用语言来诅咒。如选用吉利的字眼做自己的名字，名字要避讳，诅咒人的名字，等等。

如果给语言下一个比较全面的定义，我们认为，"语言"是一种社会文化现象，是最重要的文化信息载体，是人们用来交际的、口语的符号系统，是人类最重要的交际工具。

语言首先是一种社会现象，某一个社会的语言是该社会的文化的一个方面。语言与文化的关系，是部分与整体的关系。因此，西方文化人类学的分类通常把语言学作为文化人类学的重要分支。在语言学界享有盛名的 Franz Boas（语言学界通常翻译成"鲍阿斯"，人类学界通常翻译为"博厄斯"）同时也是著名的人类学家，是人类学的先驱之一，享有"美国人类学之父"的称号。鲍阿斯强调必须在文化环境中处理语言现象和在社会背景中研究语言，把每一种语言理解为整个文化的一个方面。深受鲍阿斯影响的美国语言学家、人类学家萨丕尔认为：语言的背后是有东西的，而且语言不能离开文化而存在，所谓文化就是社会遗传下来的习惯和信仰的总和，它可以决定我们的生活组织。

语言是一种符号系统。符号包括能指和所指两个方面：能指是能被人们以某种方式（如视觉、听觉等）感知得到的外在形式，所指是符号形式所表示的意义或内容。但需要我们注意的是，能指和所指之间既无相似之处，也无关联之点，用什么样的形式表示什么内容，完全是约定俗成的。

前段时间有媒体报道，在一些居民楼内出现了以下一些符号：①＋－；②⊙；③…；④√；⑤△或☆；⑥×。这些符号表示什么意思我们一般人很难理解。原来，这是盗窃团伙做的记号。第一个符号表示家里白天有人，晚上没人；如果符号倒过来，就是晚上有人，白天没人。第二个表示是单身或租户。第三个表示家庭成员是3个人。第四个表示已经偷过了，后边的人别进去了。第五个表示准备盗窃的目标。第六个表示不是盗窃目标。当中，"＋－"是一种表现形式，是"能指"；"白天有人，晚上没人"是这个符号所表示的意思和内容，是"所指"。至于为什么用这个形式表示这个内容，那是盗窃团伙内部约定俗成的，用此形式来表示此内容，完全是任意的，二者之间没有必然联系，所以也无法解释。但是这个所谓的"任意"是指约定之初的时候，一旦约定完成，使用这些符号的人必须要遵守，任何个人不能随意改变。

有一些现象好像也具有符号的特点。比如我们看见"烟"就想起"火"，但实际上，我们把这种现象叫"征候"。"征候"与符号不同，它是事物本身的特征，是事物的一部分，与事物有必然的、具体的联系，是事物本身的一个表现。比如我们看到乌云会想到下雨，看到闪电就想到要打雷，知道人咳嗽、发烧表示可能感冒。

　　语言是人类最重要的交际工具。人类交流思想、传达信息的方式有很多种，除了语言符号之外，还可以用其他方式，如手势、表情等，在十字路口用红绿灯表示停止和前进，在火车站和海上航行用各种颜色的旗子表示不同的意思，还可以用文字。但是，与语言相比，这些方式只能在某一个方面使用，只是"语言"这个交际工具的补充形式，远远没有语言使用的场合多，也没有使用语言方便。因此，可以说，语言是人类最重要的交际工具。文字是记录语言的书写符号系统，它和语言本身并不是一回事。但是，由于语言采用语音作为其载体，在传递信息时会受到时空条件的限制。比如，我们现在不能听见古人说过的话，远在几里之外的人说话，如果不借助其他工具，我们也听不见。为了弥补语言的这个缺憾，就产生了文字。文字是最重要的辅助性交际工具。

　　语言还是一个"系统"。所谓的系统，是指语言并不是一堆杂乱无章的东西，而是由许多个单位构成，且各个构成单位互相之间处于一定的关系之中。徐通锵先生认为语言是一个分层的装置：语言的底层是一套音位，一种语言的音位数量一般都不会太多，但几十个音位组合后，可以形成数量众多的语音单位。语言的上层是音义结合的符号和符号的序列，这一层又可以分成若干级：第一级是语素，语素由音位组成的语音单位和意义构成，是最小的语音语义结合体；第二级是由语素构成的词；第三级是由词构成的句子。

　　从音位到语素，是语言分层装置里最关键的结合部，因为音位只能构成符号的形式，本身并没有意义，而语素是形式和内容、声音和意义的结合，它才是一个完整的符号。从音位到词，数量呈几何级数增长。按照排列组合的可能性计算，假如某种语言有 40 个音位，组合的长度最多是 4 个音位的话，那么可能形成的组合数量是：$40^4 + 40^3 + 40^2 + 40 = 2\,625\,640$（个），扩大了 65 641 倍。如果计算句子，那就无法得出一个准确的数字，因为词可以根据一定的规则组成无限多的句子。

　　也可以简单地说，语言是个大的系统，在这个大系统里有一些小系统，比如语音系统、词汇系统、语法系统。这些小系统内部有各自的结构，它们之间又互相联系。如果把语言比喻成一所大学，那么这所大学就是一个大系统，在这个大系统里的各个学院、各个部门就是小系统，学院、部门这些小系统又是由更小的单位系统构成，比如各个学院有班级等。

二、语言学

明白了什么是语言，那么语言学也就比较好解释了。语言学就是研究语言，旨在探索语言的本质、结构和发展规律的实证科学。

从语言学的发展阶段看，大致可以分为传统的语文学和现代语言学两个阶段。从广义的角度看，传统的语文学也是语言学的一部分，以研究古代文献和书面语为主。在语言学三大发源地（中国、印度、古希腊－古罗马）之一的印度，人们为了研究宗教典籍而研究梵语，他们在语音和语法方面取得了突出成就。在中国，人们为了熟读儒家经典，就必须研究记录这些经典的汉字，研究汉字的形体、读音和意义，形成了所谓的文字学、音韵学和训诂学。但这些研究都是为解读经典服务，属于读书人的基本功，因此被称为"小学"。传统的语文学认为研究书写下来的经典是高雅的活动，口语则过于俚俗而难登大雅，现代语言学则以当代语言和口语为主，研究的范围大大拓宽。1786 年 2 月 2 日，威廉·琼斯（W. Jones）发表《第三周年演讲》（*The Third Anniversary Discourse*），演讲中有一段话正式提出梵语与拉丁语、希腊语同源，即著名的"印欧语假说"。因此，许多人把它当成语言学诞生的一年，著名语言学家罗宾斯（R. H. Robins）、霍凯特（C. F. Hockett）、王士元等都认为琼斯是作为科学的语言学的奠基人或现代语言学之父。现代语言学是一门独立的学科，有其客观的研究对象、有自己的研究方法、有系统的学科理论。

与其他任何事物的分类一样，从不同的角度、按不同的标准分类，其结果就会不同。语言学可做以下分类：研究语言在某一时期的情况，叫共时语言学；研究语言在不同时期所经历的变化，叫历时语言学；对多种语言做综合研究，试图找出其中的共同规律，叫普通语言学；把语言学知识运用于实际工作，叫应用语言学；通过语音和词形的比较追溯某些语言的亲属关系，叫历史比较语言学；用比较方法发现人类各种语言的某些共同现象，叫类型语言学；为了解决教学或翻译问题而对比两种语言的异同，叫对比语言学。这些统称宏观语言学。

语音、语法、词汇及文字这些学科都注目于语言的结构本身，是语言学的核心内容，有人称之为微观语言学。研究语音的物理属性、人类的发音方法及语音感知的是语音学。研究一种语言有多少个不同的音，彼此之间的区别和联系，是音系学或音位学。研究词的构成方式和屈折方式的是形态学，也叫词法。研究如何把词组成短语或句子的是造句学，也叫句法。按传统语法，形态学和造句学合起来就是语法学。研究词汇项目、词汇意义、词语演变的是词汇学。追溯词的来源和历史的是词源学。搜集许多词项，把它们分类、比较、注释的是词典学。研究词项与概念及指称对象的关系，揣摩各种词义的异同、正反、上下、交叉等关系，剖析整个句子或其中某些成分的意义，这是语义学。研究文字的形状、体系、起源、演变和发展的学科是文字学。

第二节　为什么要研究语言学

　　为什么要研究语言学、研究语言学有什么用？这样的问题我们经常碰到。我们先从语言学的作用说起。

　　先看一个故事：《福尔摩斯探案全集》里有个故事叫《红圈会》。故事说有个房东老太太报案，有个奇怪的大胡子男人十天前租住了她的一间客房。自从住进客房后再也没出来，只是关照每天以他的铃声为信号，把食物放在门外的一把椅子上，他需要什么，也会写在纸上。福尔摩斯看到纸上写的是"肥皂""火柴""每日新闻"等。但福尔摩斯看到房客抽剩的烟头很短，他断定此人并不是大胡子；看到房客把火柴"matches"拼写成"match"时，福尔摩斯认为此人的英语水平不高，因为这个字可以从字典里找出来，字典只给名词单数形式，不给复数形式。

　　福尔摩斯从《每日新闻》开始着手调查此案。他翻阅了当时近两个星期的报纸，有三条同一人登出的广告引起了他的极大兴趣。第一条内容是："耐心些，好寻找一种可靠的通信办法。目前仍用此栏。G"这是房客住进来两天后刊登的。第二条出现在三天后的报纸上："正做有效的安排，耐心谨慎，乌云就会过去。G"第三条隔了一周："道路已清除。如有机会，当发信号，记住规定的暗号——一是 A，二是 B，如此类推。你很快就会听到消息。G"福尔摩斯认为这一切都和那个房客有关。果然,在他们耐心等了几天后,一个重要广告出现了:"红色高房子,白石门面,三楼,左边第二个窗口,天黑之后。G"这时意外发生了,房东先生被两个蒙面人劫走了,挨了顿打被扔在郊外。房东夫妇与人并无冤仇,福尔摩斯断定是抓错了人。他意识到有某种危险在威胁着房客,于是来到房东太太家,发现对面的公寓正是"红色高房子,白石门面"。通过镜子的反射,发现取食物的房客竟然是个女人!对于福尔摩斯来说,事情的脉络已基本清楚:一对夫妇在伦敦避难,想躲避非常可怕的危险。男的有急事,在他办事的时候想让女的得到绝对的安全,避免直接与女的接触,防止带来仇人,于是采用了广告的方式。

为了揭穿这个谜底,福尔摩斯和华生守着对面的红色高房子。果然,天黑时三楼左面第二个窗口出现灯光信号。第一次是 1 下,第二次是 20 下,第三次是 20 下,第四次是 5 下,第六次是 20 下,第七次是 1 下。福尔摩斯根据暗号规律推断出这是"ATTENTA"。这组信号连续闪了 3 次,但福尔摩斯搞不清是什么意思。突然他想到此人英语不好,立刻推测出这是意大利语,意思是"小心",重复 3 次,说明很紧急。正在这时,突然对面窗口灯光又闪,翻译后是"Pericolo",意思是"危险"!是一个危险的信号。这时信号又来了,但打到一半中断了,福尔摩斯知道情况不好,马上带人冲向对面的房子,发现地上躺着一具尸体。经同来的警察辨认,这是一个重要的匪首,而杀人者已经逃跑,线索中断。这时聪明的福尔摩斯拿起信号灯,打出"Vieni",没过多久,奇怪的女房客自己进来了。原来福尔摩斯打的信号意思是"来吧"。案件终于水落石出,女房客承认,杀死匪首的是她的丈夫,他们都是红圈会的成员,但他们与匪首反目成仇,所以一直被追杀。

这个案件能得到侦破,就是运用了大量的语言学知识。首先是罪犯之间的交际方式——文字,"match"的书写让福尔摩斯知道此人英语水平不高;其次是搞清楚灯光与字母间的对应关系;再次是根据灯光闪烁的次数,翻译出单词的意思;最后是福尔摩斯学会并运用罪犯的密码规律,成功诱捕女房客。这几个问题都涉及语言学,所以说是语言学知识帮助福尔摩斯成功破案。

实际上,这只是语言学作用的一个方面。学习、研究语言学,在以下方面也有重要作用:

第一，学习语言文字是掌握科学技术、提高文化水平的基础。

目前，我国的中小学学生要用大量时间学习语文。为了借鉴外国的经验，发展我国的科学技术，外语已普遍成为各级各类学校的必修课，而且学习外语的成年人日益增多。汉语是国际会议上的工作语言之一，随着我国国际威望的不断提高，国外学习汉语的人越来越多。为了继承祖国的历史遗产，我们不少人还专门学习古代汉语。本族语（包括古语）的学习，外语学习，外国人学汉语，从事翻译工作，等等，都需要学习语言，都要解决语言教材、语言教学方法、语言词典等问题。要学好、用好语言，必须利用好语言研究的诸多成果。

第二，语言学可以指导我们学习语言、运用语言，有利于制定与推行各项语文政策。

我们很多人对学习外语很感兴趣，但是学习起来总是觉得很困难。如果我们能够多掌握一些普通语言学的知识、掌握语言的结构规律，那么在学习的时候就会提高效率，达到事半功倍的效果。

我国幅员辽阔，民族众多，各民族都有使用和发展自己的语言文字的自由。这在《中华人民共和国宪法》中有明文规定，是我们国家民族政策的重要组成部分。汉语方言分歧，影响不同地区人们之间的交际，因此必须尽快推广普通话。各民族之间如何畅通地交流？汉语各方言区的人如何学习普通话？都需要我们认真研究语言规律。汉字难学、难认、难写、难记，必须根据文字发展的规律进行认真的整理和研究。语言在使用中不断丰富发展，同时会随时产生一些妨碍交际的因素，这就需要进行规范化工作。为了使语言文字充分发挥交际工具的作用，新中国成立以来，党和政府专门制定了有关的方针政策，做了大量的工作。语文政策的贯彻是长期的任务，正确地、顺利地做好各项工作，必须以语言、文字的规律作为依据。

第三，学好语言，是提高文学作品分析和鉴赏能力的基础。

很多人对文学有着浓厚的兴趣，而如果想读懂一篇优秀的文学作品，首先要了解作者创作语言的结构规律，遣词造句有什么特色。如果对语言本身不了解，就很难深入赏析文学作品。比如我们在讲古代诗歌平仄押韵的时候，如果不了解古人声字到现代汉语四声演变的规律，就会发现很多诗歌不合平仄规律。如果想当作家搞文学创作，在收集材料、构思、表达等各个阶段都离不开语言。

第四，新兴技术的出现扩大了语言学的应用范围。这从前面所说的语言学和其他科学的关系中可以明显地看出来。我们日常使用的搜索引擎，其实需要计算机与语言学通力合作，为计算机提供一套简明的人工语言。机器翻译首先要解决语言间词语的对译，这个问题现在解决得比较好，但语法的对应就比较麻烦。我们在使用机器自动翻译时，会发现词语翻译得差不多，但语法却是一团糟，这个问题的解决还需要语言学研究的进一步努力。人工智能也需要语言学的支持。《西游记》中孙悟空的金箍棒可以很听话地长变短；《阿里巴巴与四十大盗》里人们对着山门喊"芝麻开门"，门就会打开。现在，我们可以用语音控制手机拨打电话、发送短信，控制照相机拍照。机器为什么能听懂人的语言？其实机器的"耳朵"是一套语言分析系统，分析后输入机器的"脑袋"——处理系统，然后转到输出控制系统。没有语言学，这些都是不可想象的。此外，聋哑人的学话、口吃的矫正、失语症的治疗等实际工作，也都需要运用语言研究的成果。

我国古代的语言研究有辉煌的成就，可是语言研究的现状同客观需要存在着相当大的差距。逐步缩短以至消灭这个差距，使我们的语言研究进一步适应社会主义事业建设的需要，这是我国语言工作者光荣而艰巨的任务。

本章主要参考文献及推荐阅读书目：

［1］赵元任. 语言问题［M］. 北京：商务印书馆，1980.

［2］倪明亮. 人类语言纵横谈［M］. 北京：中信出版社，1990.

［3］中国大百科全书出版社编辑部，中国大百科全书总编辑委员会《语言文字》编辑委员会. 中国大百科全书：语言文字［M］. 北京：中国大百科全书出版社，1988.

［4］HARTMANN R R K, STORK F C. 语言与语言学词典［M］. 黄长著，林书武，卫志强，等，译. 上海：上海辞书出版社，1981.

［5］岑麒祥. 语言学史概要［M］. 北京：北京大学出版社，1988.

［6］冯志伟. 现代语言学流派［M］. 西安：陕西人民出版社，2012.

第二章 "红薯"和"芋头"

——说说汉语方言

"红薯"是什么?"芋头"是什么?这是非常简单的问题。但是,假如让来自全国各地的人分别用自己家乡话解释什么是"红薯"和"芋头",那么,来自不同方言区的人的答案绝对是不一样的。为什么呢?这是因为各地方言不同。

第一节 汉语方言概况

在生活中,我们经常发现有的人说话跟自己不同,走的地方越多,接触的人越多,就越发现不同地方的人说的话不大一样。我们把通行于一定地域内的话叫方言,俗称地方话。所谓的"一定地域"是个相对的概念,地域可大可小,可以大到几个甚至十几个省份,也可以小到一两个村,只要有明显的差异,民间都会冠以"某某话"的说法。方言学家则是根据一定的语言标准对方言进行分区。

两种方言差距较大时,就会带来交际的困难。据说,光绪皇帝曾经召见梁启超,梁启超说的是广东话,他把"考"说成"好",把"高"说成"苟",光绪听不明白。光绪原本准备重用这位 25 岁的维新新锐,擢为侍从之臣,然因难懂广东方言,仅赏六品顶戴,叫他去办大学堂、译书局。但有时候方言又大有用处,甚至可以救命。粤人龚楚参加南昌起义,南下潮汕途中,于江西瑞金附近的周家排被敌军抓住。此时,双方主力已经接战,鏖战正酣,敌军营长下令将抓获的敌俘拖到后面枪毙。龚楚此时不自觉地感叹:"唉!想唔到我呢条命今日死乡呢处!"龚楚讲的是方言,大意是:"想不到我这条命今天丢在他乡了!"那营长一听,忙叫道:"把那个高佬拖回来!"营长与龚楚用家乡话一番对答,居然认了老乡,先松绑,再给 3 块银洋,要他随副官、伙夫先行后撤。

中国境内的汉语有几种方言?学术界有不同的说法。比较通行的观点认为有七大方言,分别是官话方言、吴语、湘语、赣语、客家话、粤语和闽语。也有人认为有十大方言,除上述七大方言外,还包括晋语、徽语和平话。下面我们简单介绍一下。

一、官话方言

官话方言与官话不同。官话原指官方使用的语言或者公众通用的语言,也就是全民族的共同语,历史上曾经称之为雅言、通语或者凡语。共同语跟方言土语相对,除了官方使用、通行范围比方言更广以外,还有比较文雅的意思,所以《论语·述而》中说:"子所雅言,《诗》、《书》、执礼,皆雅言也。"而《孟子·滕文公上》中则把说楚方言的许行讥笑为说鸟语:"今也南蛮鴃舌之人,非先王之道。"官话方言今天是指汉语普通话的基础方言,即北方话。北方话的分布范围很广,包括长江以北地区、长江南岸的九江以东镇江以西地带、湖北(东南角除外)、四川、云南、贵州、广西西北部、湖南西北角、河西走廊及新疆,使用人口占说汉语的总人口的约 70%。官话方言的范围覆盖了内蒙古、黑龙江、吉林、辽宁、北京、天津、河北、山东、河南、安徽、江苏、湖北、湖南、四川、重庆、云南、贵州、山西、陕西、宁夏、甘肃、青海、新疆、广西、江西、浙江等 26 个省份 1 500 多个县市的全部或部分地区,按照其内部差异,又可以分为北京、东北、胶辽、冀鲁、中原、兰银、西南、江淮等 8 个次方言区。官话方言内部差异不大,语法大体一致,词汇大同小异,语音系统比较简单。

总体上看,汉语官话方言可以说是远古时期活动在中原一带的民族的语言自身长期发展并与周边互相影响而形成的。我国历史上疆域的割据、地理的阻隔造成了方言的分歧,但是由于社会发展,操各种方言的人不可避免地有了各种各样的交流,包括贸易、文化交流和战争等,这些交流促使方言逐渐融合,经过夏、商、周三代,华夏族活动地区的语言逐渐成为汉语共同语的基础。周振鹤、游汝杰两位先生认为,北方汉语在两汉时期还可以说是分歧异出的,这从《方言》所列举的众多地域中可以看出来。但是,北方经过汉末丧乱、三国纷争、五胡十六国混战，人口流动的规模和数量都很大，这促使了北方汉语的混化，后来经过隋、唐、宋三代长期稳定的发展，北方汉语进一步融合，内部一致性大为增强。北方话作为一个方言大区是在唐宋时代才逐渐明确起来的。

二、吴　语

吴语是汉语中非常重要的方言之一，也叫江浙话或江南话，因为主要通行在古吴国的疆域内，所以叫吴语或吴方言。现代吴语主要分布在江苏省南部、上海市和浙江省绝大部分地区，以及江西省、福建省和安徽省的小部分地区。现代吴语的分布区域面积约为13.75万平方千米，使用人口为7 000余万。

关于吴语的形成，有一些文献可以提供线索。《史记·吴太伯世家第一》记载："吴太伯，太伯弟仲雍，皆周太王之子，而王季历之兄也。季历贤，而有圣子昌，太王欲立季历以及昌，于是太伯、仲雍二人乃奔荆蛮，文身断发，示不可用，……太伯之奔荆蛮，自号句吴。荆蛮义之，从而归之千余家。"《史记·越王句践世家第十一》记载："越王句践，其先禹之苗裔，而夏后帝少康之庶子也。封于会稽，以奉守禹之祀。文身断发，披草莱而邑焉。后二十余世，至于允常。……"可见，古吴越是中原华夏民族的后裔所建。《吴越春秋》记载："伍员奔吴，追者在后。至江，江中有渔父，子胥呼之，渔父欲渡，因歌曰：'日月昭昭乎寖已驰，与子期乎芦之漪。'子胥止芦之漪，渔父又歌曰：'日已夕矣，予心忧悲；月已驰兮，何不渡为？事寖急兮将奈何！'既渡，渔父视之有饥色，曰：'为子取饷。'渔父去，子胥疑之，乃潜深苇中。父来，持麦饭鲍鱼羹盎浆，求之不见，因歌而呼之曰：'芦中人，芦中人，岂非穷士乎！'子胥出，饮食毕，解百金之剑以赠渔父，不受，问其姓名，不答。子胥诚渔父曰：'掩子之盎浆，无令其露。'渔父诺。子胥行数步，渔者覆船，自沉于江。"

从这个故事可以看出，伍子胥由楚奔吴过程中，和渔父的交流没有问题，渔父唱歌他能听懂，渔父也理解伍子胥的意思。由此可以推断，当时的吴语和华夏语的分支——楚语差别不是很大。

许宝华认为，根据历史文献资料，古吴语形成于春秋时代的末期。东晋到南朝是中国历史上吴语受中原汉语影响巨大的时期，八王之乱、五胡乱华和十六国战争时期，中原动荡历经百年，大批北人南迁。据统计，东晋士族及其随行庶民迁居江东的有二三十万之众。这大批南迁的北人与土著居民的语言必然会因长时间的接触而产生同化、融合和变异。周一良在《南朝境内之各种人及政府对待之政策》一文中说："自东晋至梁末，杂居二百余年，无论侨人吴人如何保守，无形间之影响同化乃意中事……扬州之侨人不自觉中受吴人熏染，于中原与吴人语音以外，渐形成一种混合之语音。同时扬州土著士大夫（江东甲族尽出江东、会稽、吴、吴兴诸郡，皆属扬州）求与侨人沆瀣一气，竟弃吴语，而效侨人之中原语音。"南宋时期是历史上吴语受中原汉语强烈冲击的一个时期。北宋末年，金人南侵，宋室由汴梁（今开封）迁往临安（今杭州），吴语再次受到中原汉语及中原文化的强烈冲击，特别是杭州城里的杭州话，在语音、词汇、语法各方面被渗进北方官话的许多成分，仿佛杭州话一度变成了开封话。明人郎瑛在《七修类稿》中说，杭州城中语音好于他处，盖初皆汴人，扈宋南渡，遂家焉。故至今语音与汴音颇相似。

现代吴语的语音系统，其基本面貌大抵至宋元之际已经形成。

三、湘　语

顾名思义，湘语（或称湘方言）就是湖南省的代表方言，主要分布在湖南的湘江、资江流域和沅江中游少数地区。湖南省外也有少部分地区通行湘语，比如广西北部的兴安、灌阳、全州和资源四县；四川省约有45个县市的部分地区也有湘语分布。根据陈晖、鲍厚星的研究，湖南省内的湘方言可以分为：长益片，主要分布在湘江、资江中下游；娄邵片，主要分布在湘中和湘西南部分地区；衡州片，主要分布在旧衡州府的中心地区；辰溆片，主要分布在沅江中游；永全片，分布在湘南永州部分地区和广西北部的部分地区。除湘语外，湖南省境内还有西南官话、赣语、客家话以及系属不明的土话。湘语还有新湘语和老湘语的不同，二者之间差异较大，本地有"长沙里手湘潭俏，湘乡嗯啊做牛叫"的谚语，可见新老湘语之间沟通起来也不是很顺畅的。

现代湘语的源头是古代湘语。古代湘语在汉代著名学者扬雄（前53—18）所撰写的《方言》中有一定程度的反映，书中多次出现"南楚""江湘之间""南楚江湘之间""湘沅之会"等，其中记录的一些词语有的依然活跃在操湘语的人的口中。例如："晋魏河内之北谓揄曰残，楚谓之贪，南楚江湘之间谓之歁。"（《方言》卷一）今天长沙方言有"歁食窝""歁不得止"等说法。"崽者子也，湘沅之会，凡言是子者谓之崽，若东齐言子矣。"（《方言》卷十）今天在湖南的大部分地区，依然称子为崽。

四、赣　语

赣语区主要位于长江中游南岸，其中心地带在江西省赣江中下游、抚河流域以及鄱阳湖地区。湖南东部、湖北东南部、安徽西南部等地区也有赣语分布。汉高祖时设立豫章郡，西汉时豫章郡的居民已达35万人，人口具有一定规模，江西地区经济文化发展达到一定程度，赣语开始形成。赣语分为南昌靖安、宜春浏阳、吉安茶陵、抚州广昌、鹰潭弋阳、大冶通城、耒阳资兴、洞口绥宁、怀宁岳西等九个片。

五、客家话

"客"是相对于原住民而言的，先入为主，后至为客。客家人说的话就叫客家话或客家方言。有些地方把客家话称为新民话、客籍话、怀远话等。江西一些地方还把客家话叫作广东话。四川有些地方称之为土广东话。湖南江永人称县内林场的一些居民所讲的话为客边话，这些讲"客边话"的人就是200多年前从福建迁徙到当地的客家人。客家话的分布比较广泛，涉及全国多个省份，包括广东省、广西壮族自治区、福建省、江西省、海南省、湖南省和四川省等。其中以广东中部、东部地区，福建西部地区和江西南部地区客家人居住较为集中。

在汉语方言中，客家话的形成与客家的迁徙史密切相关。据史书和客家宗谱记载，客家人大规模迁徙总共有五次：第一次是西晋永嘉丧乱之后的元帝渡江，第二次是唐僖宗末黄巢起义，第三次是南宋末年的元人南侵，第四次是明末清初的人口膨胀及清王朝的建立，第五次是同治年间"广东西路土客大斗案"及太平天国运动。经过历次的人口大迁徙，原居于汝、颍、淮水，北达黄河以至上党的北方人向南进发，到达江西、福建、广东等地。客家人内部凝聚力很强，强调不能忘本，迁徙时常常带着族谱，保持原有的生活习惯，尤其在语言上更是严格遵循"宁卖祖宗田，不卖祖宗言"的祖训，所以各地客家话能保持很强的一致性。

六、粤　语

粤语传统上叫广府话，本地人又称为白话，外地人习惯叫广东话。粤语除了在广东省通行以外，广西的许多地方、中国香港、中国澳门及部分海外华人社区也说粤语。粤语以广州话为代表，主要分成6个方言片：粤海片，也叫广府片，主要分布在以广州为中心的珠江三角洲、粤中以及粤北部分地区，中国香港和中国澳门所通行的粤语基本上也属于粤海片；四邑片，主要分布在台山、开平、恩平、新会四邑及相邻的斗门县；高阳片，主要分布在粤西南的阳江、茂名和湛江三市及所辖县；莞宝片，主要分布在珠江口东岸东莞市及深圳市的宝安区沿珠江一带；香山片，通行于珠江口西岸的中山市、珠海市（不包括四邑片的斗门话）；桂南片，主要分布在广西邕江、郁江、浔江沿岸的南宁、玉林、梧州等所属县市及桂东南的北海、防城港、钦州等沿海港口及所辖地区。

据研究考证，粤语的雏形是南来的楚语与古岭南地区的土著粤语相融合而形成的一种独特方言，早在秦汉以前就已经形成，秦灭六国以后，大批军民南来，中原汉语对粤语的最终形成和发展起到了十分重要的作用。粤语在经历了从萌芽状态到秦汉时期的发展后，逐步呈现出与中原汉语同中有异、异中有同的态势。经过魏晋时期的动乱所引发的北人南迁潮的冲击，原本已经相当复杂的粤语进一步与北方方言融合，接受北方汉语的特点，这种趋势延续到唐代，粤语的总体面貌大体形成。粤语发展演变到宋代，与中原汉语明显存在相当大的差异，这时的粤语与现代粤语已基本相同，可以说其语音和词汇都已经成为现代粤语的基础。宋人周去非的《岭外代答》卷三述及广西钦州的语言（今属粤方言区）时提到当时钦州民众有五种口语，操第五种口语的民众以舟为室，泛海为生，语似福、广。这个广东、广西之音就是我们说的两广粤语了。可见那时候的粤语已经具有独立的系统，是分化出来逐渐成熟而跟北方汉语存在明显差别的一种汉语方言了。

七、闽　语

闽语形成于福建并以福建为主要分布地，因此习惯上称为闽语。实际上，闽语的分布范围远不止福建一省，同时，福建省内也不止闽语一种方言。福建省内，沿海出口的江河流域都是闽语的分布区，其中最大的是闽江流域；广东省内，闽语主要分布在潮州、汕头、汕尾和雷州半岛，当地人称之为潮汕话，邻近的客家人则称之为福佬话；浙江省东南部的苍南、泰顺部分乡镇，海南省的东部、南部和西部沿海，中国台湾省以及东南亚的新加坡、马来西亚、印尼、泰国等都有闽语分布。

福建地区早在远古以前就有人类活动，据史料记载，战国以后武夷山一带已经是闽越人活动的中心。汉人最早进入福建的居住地是闽北地区，当时入住的人应有江东的吴人和江西的楚人。晋宋之后，从黄河流域南渡的汉人经过江东逐渐南移入闽，西晋新立的"晋安郡"及东晋之后出现的"晋江、洛阳江"之名都是晋人南迁入闽的证明。数百年间吴楚人、中原人及原来土著经过融合奠定了早期闽语的最初基础。

总之，闽语的形成是多源流的，其中有原住民语言（古百越语）的底层，有上古时期吴楚方言的留存，更有六朝之后多次中原移民带来的北方共同语。到唐末五代，这些多来源、多层次的语言特点已经融合成定型的方言系统了。

八、晋语、徽语、平话

有专家认为，除了上面所列的 7 种方言外，还有晋语、徽语、平话。

晋语主要分布在山西省除南部以外的广大地区以及河北、河南、内蒙古、陕西邻近山西的地区。最早提出晋语独立的是李荣先生，依据是山西省以及其毗连地区方言有入声。

徽语俗称徽州话，集中分布在黄山以南，新安江流域的安徽旧徽州府全部，浙江旧严州府大部及江西旧饶州府小部分地区。这一片区域在隋以前至东晋同属于新安郡，至隋代分成歙、睦二州，宋代宣和年间改名为徽、严二州，这就是明清分为徽州府、严州府的源头。现在虽然行政区划上不属于同一省份，但方言仍然具有徽州话的特色。

平话主要分布在广西，习惯上以柳州为界，分为桂南平话和桂北平话。

第二节　汉语方言是怎么形成的

语言差异的形成原因，在西方有不同的说法。其中比较有名的是《圣经》中记载的"巴别塔"的故事：天下的人原本只说一种上帝给予的语言，他们在生活富足之后想看看天上是什么样子，于是商量盖一座能通到天上的塔。由于他们齐心协力，塔盖得很快，马上就要到天上了。上帝很害怕，他说："看呐，他们成为一样的人民，说的是一样的言语，如果真的修成通天塔，那么，以后他们要做的事，就没有不成功的了。"于是，他便下令变乱了人们的口音，使他们彼此言语不通，产生猜忌、分歧，从而分散各地。

汉语方言的差异在中国古代很早就有记载。《礼记·王制》说："中国、夷、蛮、戎、狄，皆有安居，和味宜服，利用备器，五方之民言语不通，嗜欲不同。"这是对我国语言地域差异的最早记载。在先秦诸子的著作中，这种情况有明确的反映。《荀子·儒效》说："居楚而楚，居越而越，居夏而夏，是非天性也，积靡使然也。"《荀子·荣辱》说："越人安越，楚人安楚，君子安雅。"《孟子·滕文公》记载了一段对话，更是反映了齐楚方言的严重差异："孟子谓戴不胜曰：'子欲子之王之善与？我明告子：有楚大夫于此，欲其子之齐语也，则使齐人傅诸？使楚人傅诸？'曰：'使齐人傅之。'曰：'一齐人傅之，众楚人咻之，虽日挞而求其齐也，不可得矣；引而置之庄岳之间数年，虽日挞而求其楚，亦不可得矣。'"看来先秦时期华夏的汉语内部差异就已经比较大了。汉代王充《论衡》所谓"古今言殊，四方谈异"，就反映了这种情况。

日常生活中，我们感觉到现代汉语方言的差异很大。如果说在中国的北方是"十里不同音，百里不同俗"的话，那么在南方可能是跨过一条小溪就"不同音"了。相邻的两个村庄说话不同是常见的事，即使在同一个村，姓氏不同，说话口音也可能不同。在湖南省南部的蓝山县太平圩，姓唐的人说的话与周边方言差别很大，有其独特之处。

那么，如此纷繁复杂的汉语方言是怎么形成的呢？归纳起来大概与三个方面的因素有关：第一，原始汉语共同语的面貌；第二，导致方言变化的外部因素，比如历史上的移民情况、行政区划情况以及居住地的自然地理环境；第三，汉语经过长时间的发展，语言本身内部的演变。

讨论汉语方言的形成情况，我们必须首先了解这些方言的来源。在语言学上有一个"共同语"的概念，它是指历史上或现代的几个方言或语言在尚未分化的共同时期的统一状态，也叫原始语或基础语。语言研究者假设这个原始语内部系统单一，是一个统一的整体，人们在社会生活中密切接触，感觉不到方言的差别，几乎可以说没有方言存在。但实际上，这种假设不是完全准确的。因为原始部落有很多，我们无法相信这些不同部落的人说着完全相同的话，虽然这些部落在通话上没有问题，但肯定会有一些差异。恩格斯在描写美洲印第安部落语言情况时说："有独特的、仅为这个部落所有的方言。事实上，部落和方言在本质上是一致的；因分裂而形成新部落与新方言的事情，不久以前还在美洲发生，即至今日，也未必完全停止。在两个衰落的部落合而为一的地方，有时例外地在同一个部落内说着两种极为相近的方言。"

汉语研究上，人们一般把《切韵》《广韵》作为中古汉语的代表音系，有时也会上推到以《诗经》为代表的周秦古音。在解释汉语方言的形成时，认为《诗经》音系和《切韵》音系是汉语史上被保留下来的两个完整环节，对现代方言具有共同语的意义。换句话说，人们认为现代汉语方言的分歧异出都可以在《切韵》音系上找到源头和解释。实际上，当时的长安话或者洛阳话不一定就是一个很单一、完全没有受到其他方言影响的系统，其内部也一定存在差异，虽然这些差异不至于影响交际。那么，其他地方是什么情况呢？肯定会有其他方言存在。所以，袁家骅先生认为所谓的共同语必然经过长期的发展，如果分布面积辽阔，和旁的非亲属语言发生过接触，那么这个所谓统一的共同语内部必然是相当复杂的。

汉语方言形成的外部因素包括历史上的移民、历史行政区划的影响和自然地理条件的限制。语言的使用者是人，当人口迁徙、操不同语言的人相互接触时必然会对语言状况产生影响。中国历史上发生的居民集体迁移，有些是和平的交流，有的则是武装的胁迫，无论哪种形式，语言都会随着使用者的分离而走上分化的道路。一个整体分裂成几个小集体，分离之初他们的语言应该是相同的，可是在迁徙的途中和新的生活环境中必然会遇到很多新鲜事物，这就给语言带来了新的成分，同时原来语言中一些用不着的成分会被丢弃，方言的差异逐渐产生。

汉语方言研究专家们在讨论一些方言的形成的时候，必然把移民带来的影响作为一个重要的因素。

从两汉到隋朝建立的数百年间，西汉末的赤眉、铜马战争，东汉末的黄巾、董卓战争，三国纷争，西晋末的永嘉丧乱、五胡乱华，这些大的社会动荡，造成北方汉族大规模迁徙。从史书记载来看，这段时间人口流动有两种：一是大量的北方人南下，迁入长江以南地区；二是北方人内部无序的流动。

先以湘方言为例，介绍移民对其形成的作用。

五代以前，湖南的外地移民大多来自北方，五代以后，湖南的外地移民大多来自东方。北方移民南迁的第一次浪潮发生在永嘉年间，历史上称为"永嘉南迁"，这次移民浪潮波及湖南省的北部（大致是今天的安乡、澧县、华容等地）。北方移民的第二次浪潮是在安史之乱以后，这一次北方移民深入湖南的纵深地带，乃至湘中、湘南（如道县西）都有相当数量的北方移民。唐末韦庄《湘中作》诗云："楚地不知秦地乱，南人空怪北人多"，生动反映了北方移民涌入湖南的现象。北方移民进入湖南的第三次浪潮发生在靖康之乱以后。位于洞庭湖西北岸的常德、澧县一带是移民南迁的必经之地，移民人数最多。

几次大规模的北人南迁，不仅在湖南境内沅、澧二水流域形成了北方方言（西南官话）地区，也对湘语尤其是湖南北片的湘语带来了巨大的冲击。现代湘语中部分地区古全浊声母清化、入声塞音韵尾的变化或者整个入声调类的消失，都和官话长期的冲击和渗透有关。

来自东方的移民主要来自江西，江西人大量移入湖南是五代以后的事。五代至北宋，江西移民占移民总数的十分之九；南宋至元代，江西占六分之五；明代为移民的鼎盛时期，移民成分最为复杂，江西籍为178个族，非江西籍的为89个族。可见，从五代至明，江西人是外省移民的主体。随着江西籍移民大量涌入湖南，赣语在湖南产生巨大影响，以至于在湘东由北而南形成狭长的赣语区；或在湘中、湘南等地区留下赣方言点，如洞口的大部分地区、绥宁北部和隆回北部；或是让一些地方的方言带上不同程度的赣语色彩，如新化、衡山、麻阳、怀化、岳阳、华容等地。

不仅外省移民对湖南境内方言产生影响，本省内部的移民也会对方言造成一定的影响。安乡的"南边话"就是一个例子。本来安乡由于历史上北方移民的浪潮已经被纳入官话区的范围，但是近百年来由于湖区围垦又有大批移民涌入，方言分布便有了新的情况。据1947年统计，安乡全县共237 321人，其中客籍达79 776人，占人口总数的33.6%。客籍人中，省内迁入的有76 491人，约占迁入人口的96%，外省约占4%。省内移民主要来自益阳、桃江、沅江、长沙、湘潭、宁乡等地，因此在移民集中的南部新围垦区形成了属于湘方言的"南边话"。

客家话的形成与移民的关系更加密切。从"客家"这名称上就可以看出端倪："客"与"主"相对，说明这些人相对于当地的土著来说，属于外来的人，而客家话是这样一群外来人说的话。我们在前文中简单论述了客家话的形成与5次大的移民运动有关，有关这几次迁徙的背景和经过，罗香林在《客家研究导论》中有过详细描述：客家先民东晋以前的居地，实北起并州上党，西界司州弘农，东达扬州淮南，中至豫州新蔡、安丰，换言之，即汝水以西，淮水以北，北达淮河以至上党，皆为客家先民的居地。上党在今山西长治县内，弘农在今河南灵宝县南四十里处，淮南在今安徽寿县内，新蔡即今河南新蔡县，安丰在今河南潢川、固始等附近。客家先民第一次移民运动的途径，远者自今山西长治启程，渡黄河，依颍水，顺流南下，经汝颍平原，达长江南北岸；或者由今河南灵宝等地，依洛水，逾少室山，至临汝，亦经汝颍平原达长江南北岸。客家先民第一次迁徙，大抵皆循颍、汝、淮诸水流域，向南运动，这可从该地自然地理环境特征推证出来。至于第二次迁移，则远者多由今河南光山、潢川、固始，安徽的寿县、阜阳等地，渡江入赣，更徙闽南，其近者则径自赣北或赣中，徙于赣南或闽南，或粤北边地。第三次迁移则多自赣南或闽南徙于粤东、粤北。第四次迁移，则多自粤东、粤北而徙于粤中及沿海地区，和四川东部、中部及广西苍梧、柳江所属各县，台湾彰化、诸罗、凤山诸县，或自广东嘉属与赣南闽南而徙于赣西、湘南、湘中。第五次迁移，则多自粤中、粤东，徙于高、雷、钦、廉各地，或更渡海至海南岛的西南部。这是客家人向南迁徙所曾经过的大概途径，与客家民系所以成形，颇有关系。除此以外，自然还有其他例外的途径，然而到底例外的总属于少数，不能与上述途径相提并论。记录家族历史的族谱也对客家人的迁徙史实有记载，如《兴宁温氏族谱》说："我温族发源于山西、河南，子孙蕃衍。逮东晋五胡乱华，怀愍帝为刘渊所掳，我峤公时为刘琨记室。晋元帝渡江，峤公奉琨命，上表劝进。"这是对第一次迁徙的记载。《江西罗氏大成谱》说："迨下唐僖宗之末，黄巢作乱，我祖仪贞公，至仕隐吉，因家吉、丰。长子案新从赣州府宁都州，历数十年，又迁闽省江州府宁化石壁村，成家立业。"这是对第二次迁徙的记载。其他几次在家谱中也都有反映。

移民在方言形成过程中的作用非常重要，历史行政区划的作用也不容小觑。布隆菲尔德认为，在较古老的环境条件下，政治疆界的改变在50年内会引起语言的某种分歧，而政治疆界取消之后，那些同悠久的政治界线相平行的同言线，会维持200年而绝少变动。这似乎就是基本的相互依赖关系。

行政区划与方言区划不是一回事，但是历史上长期稳定的行政区划，特别是中国历史上的二级行政区划——府或州对方言区划的形成往往起到比较显著的作用。这有两个方面的原因：一方面，府或州是一些县的有机组合体，府治不但是一府的政治中心，而且一般也是该府的经济、文化、交通中心。古代交通不发达，一般人又有安土重迁的观念，除非天灾人祸，离开本府的机会很少，社会活动大致都在本府范围内进行。因此，一府之内的方言自然形成一种向府治方言靠拢的凝聚力。另一方面，许多府的属县往往由本府中一两个古老的母县分出来，由老县分出新县。新县往往是由老县的居民移居开发的，例如浙江温州府六县是从东汉永宁县分出来的，台州府六县除了宁海以外都是从西汉回浦县分出来的。在这种情况下，同府属县的方言相近是很自然的事情。在历史上二级行政区划长期稳定的地区，现代方言的区划事实与旧府的辖境关系甚为密切。最典型的例子是：浙江吴语各小片和明清十一府辖境可以完整对应，即太湖片对应嘉兴府、湖州府、杭州府、绍兴府、宁波府，婺州片对应金华府，丽衢片对应处州府，瓯江片对应温州府，台州片对应台州府。福建的方言区划，与北宋政区大致对应。如闽语的闽北片，包括建瓯、建阳、崇安、松溪、政和和浦城，相当于旧建宁府辖境。这一地区东吴时是建安郡，唐代是建州，南宋后是建宁府，长期同属一个二级政区。

交通情况是影响方言形成的另一个外部因素。交通便捷的地方，不同地点的人往来自由便利，方言自然也容易接近，例如广东省境内京广铁路沿线居民点方言越来越接近广州话，韶关市区已经通行广州话。又如吴语太湖片包括今苏南、上海和浙北，是平原水网地带，自古交通往来方便，所以方言大面积一致，不像交通阻隔严重的浙南，方言复杂难通。如果不加深究，往往误以为山川形势会影响方言区划，其实山川形势的作用是以交通往来为前提的。有舟楫之利的河流并不会造成方言的阻隔。例如福建的几个方言片区各自大致相当于一条河流的流域，如闽中片的范围相当于沙溪流域。大运河也绝不是方言的分界线。河流只有在不利于航行的时候，才有可能成为方言的分界线。瑞典语言学家马尔姆贝格认为，连绵的高山和密林往往恰巧就是方言的分界线，而且多是泾渭分明的分界线，因为穿越高山和密林进行交往是不可能或很困难的。

如果历史上的行政区划恰好和自然地理环境相契合，这种作用就更加明显。周振鹤指出，行政区划是在自然地理环境的背景上所划定的政治空间，因此在人为的政区与天然的地理环境之间就存在契合与否的问题。如浙江临安县西北部的天目山是长江水系和钱塘江水系的分水岭，山岭海拔多在千米以上，阻隔南北、东西居民的交往，也是吴语太湖片和宣州片及徽语和官话的分界线。

在安徽省北部的方言分布中，自然地理和历史行政区划对方言特征的影响有明显的表现。皖北淮河流域水系纵横，淮河在历代行政区划中都起着非常重要的作用，绝大多数朝代都将其作为行政区划的分界线。秦朝以淮河为界，南为九江郡，北为泗水郡；汉时南为扬州刺史部之九江郡，北为豫州刺史部；西晋时期，扬州之淮南郡略过淮河，北部为豫州；唐以河为界，南为淮南道，北为河南道；五代十国时淮河为唐、吴国界；在南宋，淮河则是与金对峙的前沿；元朝，安丰路跨淮河南北；明朝，凤阳府的统治范围覆盖整个淮河流域；清凤阳府辖凤阳县、怀远县、定远县、凤台县、寿州、宿州，颍州府辖阜阳县、颍上县、霍邱县、涡阳县、亳州、太和县、蒙城县，大致仍然是以淮河为界（凤阳府只有宿州在淮北）。从前人对本地区方言的研究中可看出，淮河经常作为两种语言或方言的分界线。如扬雄《方言》中的"江淮方言"主要指以寿春、合肥为中心的九江郡、衡山郡，而九江郡的北界就是淮河。周振鹤在对汉代汉语方言分区时，大致以淮河为界，北部为汝颍、淮，南部为吴越、楚。鲁国尧从《左传》哀公十二年"卫侯会吴于郧""吴人藩卫侯之舍""太宰嚭说，乃舍卫侯，卫侯归，效夷言"的记载推断非汉语的古吴语和其后的汉语的古吴方言，其区域本北抵淮河。西晋时期安徽省境内方言以淮河为界被分为两个区域：淮河以北属中原官话区，淮河以南属吴语区。这种状况直到公元4世纪发生变化：由于北人南迁，发生了语言入侵，今天的江淮官话即为南朝通语的后裔。南宋和金时期，安徽省境内方言大致可以长江为界分为两大区域：长江以北属中原官话区，长江以南属吴语区。宋、金时期，安徽境内方言分区以长江为界：长江以北属北方话，长江以南属吴语区。二十世纪七八十年代的调查结果依然表明，在安徽省境内，中原官话和江淮官话的分界大致是淮河一线，江苏省北部情况与此类似。皖北方言在自然地理与行政区划双重影响下呈现出南北分区的格局。即使在中原官话内部，方言小片的分区与淮河流域北岸的支系河流也有着某种模糊的关联。淮河北岸主要支流有洪汝、沙颍、涡、浍、新汴、濉等河。郑曹片主要分布在洪汝、沙颍河流域，信蚌片主要分布在涡、浍、新汴、濉河流域。

第三节　方言差异有哪些表现

我们经常看到一些关于各地方言差异的材料，其中有一种形式是模仿英语等级考试的"某地方言四级（六级）考试题"，非常生动地表现出某地方言的特点。下面我们摘抄一例：

怀远方言四级考试试题

一、单项选择题（以下每题的三个选项中，只有一个是符合题意的，请选出正确的选项）

1. "你真是个乡来老停。"意思是：

    A. 你下乡的时候老是停车。

    B. 你是个乡巴佬。

    C. 你家乡有一块老田。

2. "你非要跟我哪的文！"意思是：

    A. 你非要跟我读文章。

    B. 你对我有不满。

    C. 你故意和我对着干。

3. "你今天上街买的幌子？"是指：

    A. 你上街买了个幌子。

    B. 你上街买了什么东西。

    C. 你今天上街只是个幌子。

4. "一提这四我就穷弹！"是指：

    A. 这个事情不能再谈！

    B. 一提这个事情我很不爽。

    C. 没有棉花，弹什么弹？

5. "杠腿"的意思是：

    A. 回家。

    B. 腿。

    C. 长腿。

6. "你只落个叫鸡了！"是说：

    A. 你偷了一只鸡。

    B. 你除了会学鸡叫，其他都不懂。

    C. 你真是个缺德的人。

7. "走当阳心"的意思是：

    A. 在正午出发。

    B. 从正中间走。

    C. 从当阳这里走。

8. "我的嘎哟，你觉得车骑的跟样针的样。"含义是：

    A. 乖乖！你自行车骑得不错！

  B. 哎哟！你自行车怎么跑气呀！

  C. 兄弟，你觉得我车子骑的怎么样？

9. "油漆没干来，晚走边梁着，表糙到了。"含义是：

  A. 油漆没干，晚上从路边走，手表被碰坏了。

  B. 油漆没干，我们从旁边走，不要碰到身上。

  C. 油漆没干，我们从旁边走，手表被碰坏了。

二、多项选择题（以下每题的选项有两个或三个符合题意，请选择）

1. 想问对方早餐吃了什么东西，应该问：

  A. 你掌下吃的幌子？

  B. 你掌下吃的啥个？

  C. 你今早晨吃的网子？

2. 甲：各搞来该？乙：没有来。甲：表走老，一起干点。

  问：这段话发生的地点可能是：

  A. 厕所。

  B. 饭店门口。

  C. 小吃部里面。

3. 怀远方言中，形容人办事差劲的词语有：

  A. 真老心。

  B. 二兴头。

  C. 差把火。

4. 如果你的眼镜支架坏了，你会跟修眼镜的师傅说：

  A. 国我眼镜腿子调理一下。

  B. 帮我日派一下眼镜腿子。

  C. 格我摆色摆色眼镜腿子。

5. 说一个人看起来智商偏低，主要词汇有：

  A. 愣不几歪的。

  B. 木木懂懂的。

  C. 呆逼样。

三、完形填空（请选出你认为最合适的词汇填在空白处）

  晚上我呆院子来打＿＿1＿＿，我外公和＿＿2＿＿来了，我就跟他们进了＿＿3＿＿。外公讲要吃烟，问我个有＿＿4＿＿，我讲没有，拿个打火机格他。他看看是 ZIPPO 的，讲你小子真＿＿5＿＿。他对烟的时候没注意，一<u>　6　</u>子格胡子<u>　7　</u>掉老。一时我妈回来老，讲走半路看见个大<u>　8　</u>，怪<u>　9　</u>的。哈了一时，外公他们就<u>　10　</u>老。

1. A. 陀螺　　　　B. 贱骨头　　　　C. kiss
2. A. 外婆　　　　B. 姥姥　　　　　C. 外外
3. A. 堂屋　　　　B. 客厅　　　　　C. 里屋
4. A. 洋火　　　　B. 火柴　　　　　C. 液化气
5. A. 时髦　　　　B. 光棍　　　　　C. 流行
6. A. 托　　　　　B. 会　　　　　　C. 场
7. A. 烧　　　　　B. 拔　　　　　　C. 燎
8. A. 蛤蟆　　　　B. 癞猴子　　　　C. 蟾蜍
9. A. 渗人子　　　B. 恶心　　　　　C. 好玩
10. A. 回家　　　　B. 走路　　　　　C. 杠家

假如叫一个不懂怀远话的人来看上面的试题，他会完全不知所云。上面各题答案分别是：

一、1. B　2. C　3. B　4. B　5. A　6. C　7. B　8. A　9. B
二、1. ABC　2. BC　3. ABC　4. ABC　5. ABC
三、1. B　2. C　3. A　4. A　5. B　6. A　7. C　8. B　9. A
　　10. C

人们对某地方言最直接的感受就是说话和自己不一样，而实际上，这个"不一样"在语言语音、词汇、语法上都有表现，其中语音差异比较大。人们听不懂另一种方言除了语音问题以外，还有词汇的差异，三者中语法差异比较小。

有一个很经典的笑话，说一个四川人到北京旅游，在北海划船时，不小心把鞋子掉到了水里。于是他大喊："我的孩子掉进水里了！我的孩子掉进水里了！"岸边的人听了后，纷纷勇敢地跳进湖里，向鞋子落水的地方游去。但是大家找来找去，连个孩子的影子也没有找到，却捞起了一只鞋子，就提着鞋子问："是不是这个？"那个人一手接过鞋子一边高兴地说："我的孩子！我的孩子！"原来，四川话将"鞋子"说成"孩子"。

还有一句俗语叫"舍不得孩子套不住狼",很多人解释成"如果想抓住狼,必须要用自己的孩子作诱饵"。但仔细一想好像不合常理:谁会为了抓狼而置自己孩子的安危于不顾呢?

其实,产生这个误解的原因是南方方言和北方方言语音的差异。中古见系二等字,在北方话里已经腭化为"tɕ/tɕʰ/ɕ",但是在南方很多方言里没有发生这种变化,依然读为"k/kʰ/x"。以广州话为例,"叫"读成"kiu"、"舅"读成"kau"、"九"读成"gau"、"晓"则读成"hiu"。那么在普通话里读成"x"声母的"鞋"字,在包括粤语、西南官话在内的很大一片南方话里声母都还是读成舌根音"x"的,所以,"鞋子"误认为是"孩子"也就不足为怪了。另外,中古微母字,普通话已经读成合口零声母,但在粤语里还是读成与古明母一样,声母为"m",例如"微"读成"mei"、"文"读成"mɐn"、"亡"读成"mɔŋ"、"物"读成"mɐt"。这种现状在南方方言中分布也很普遍。湖南省南部的江永县是世界闻名的妇女独有文字——女书的流传地。在江永县上江圩镇有个村叫浦美村,这个村是女书流传的核心地带,村里建有女书博物馆——女书园。这个村为什么叫浦美呢?一般人认为这个地方风景秀丽,环境优美。其实这是一个误解,这里的风景固然优美,但这个"美"与漂亮无关,它其实是"尾"字的白读音。"尾"是古微母字,微母是从明母中分化出来的,在中古读成"m"声母,江永话中保留了这种古老的读音,今天依然读"m"声母。但是在当地人的心目中,认为"尾"应该和普通话一样,读成"wei",所以搞不清这个"mei"到底是什么字,于是就找来了一个普通话与其读音相同的"美"字来顶替。

湖北人、四川人、湖南人还有一个最常见的问题就是"n"和"l"分不清楚、"xu-"与"f"分不清楚。四川人经常把"蓝裤子"说成"男裤子"。一个女生穿了一件蓝裤子,在成都话里面就变成了一个女生穿了一件男裤子。有一次跟一个湖南的朋友聊天,他说:"今年过年回家发了一万多块!"我感觉这个朋友平时好像没那么大方,心里有点疑惑,就问他:"怎么发呢?看到谁都发钱吗?"他说:"坐车、买东西肯定要给钱啊!"我才明白过来,原来他说的是"花钱"而不是"发钱"。

在湖南永州、江西赣州等地方言里把乞讨的人叫"告发子"。

为什么是这个名字呢？原来"告发子"就是"叫花子"，"叫"古代是见母字，对应声母是"k"，"花"的声母是"x"，在湖南等方言中经常读成"f"声母，所以"叫花子"就变成了"告发子"。

方言语音差异造成的误解还有很多。普通话读"tɕ/tɕʰ/ɕ"声母的字在合肥话里经常有读成"ts/tsʰ/s"的现象，于是就有了这样一个笑话：一个合肥人出差，恰好和一个北方人同屋。大家都客气，晚上不肯先洗漱。北方人说"你先洗"，合肥人说"你先死"，北方人一听这不是诅咒我吗，差点和合肥人打起来，最后详细一聊才知道，原来合肥人把"洗"读成"死"，才消除了一场误会。

词汇最能直接反映人们日常生活。不同地方的不同生活环境、人们对外界事物的不同认识以及社会生活的变化都能及时反映在词汇中。词汇的差异可以体现在词语的意义、词语的结构以及词语的成分等各方面。

词义差异是方言词汇差异的一个重要方面，因为词义与客观世界的联系极为紧密，而且变化最大。方言间相对应的词，含义并不完全一致。下面从词汇意义、语法意义和修辞意义三个方面进行分析。

词汇意义的不同有时是由于对客观事物的分类不同，相应的方言词语所指不同。比如吴语、粤语、闽语、客家话里肥和胖不分，客家话都说"壮"，其他几个方言说"肥"。客家话、闽语不分"吃""喝""吸"，都说"食"；河北多数方言吃东西、喝水、抽烟都用"吃"来表示；安徽北部吃东西和抽烟用"吃"，喝水则用"喝"；普通话则说吃东西、喝水、抽烟。"膀子"南京话指"胳膊"，山东德州话指"肩膀"。"纸"广州话指"钱"，而合肥话指"纸张"。"银子"广州话指"硬币"，普通话指"银"这种金属。"硬币"在安徽怀远话中则为"小银角子"。"馒头"在吴方言中包括包子和馒头，而在怀远话里只指有馅的包子，没有馅的只能叫"发面馍"或者"卷子"。

另一种词汇差异是由于方言词语的义项不一导致的搭配对象不同。比如厦门话"厚"可以指"不薄"，也可以指"过多"（多用于贬义，如"说厚话"意思是多嘴、"厚涂沙"指沙土多），还可以指"浓"（厚茶、厚酒）。又如"坐"，除了坐下的动作以外，还可以指"承认"（"坐数"：认账）、"沉淀"（"坐清"：澄清；"坐底"：沉底）、"缓解"（"喙齿痛有较坐"：牙痛缓解）。还有一些是词的兼类造成的功能差异，比如皖北、苏北方言的"熊"既可以是名词，还可以是动词，表示训斥，如"熊人"。

修辞意义的差别是指方言词所附加的褒贬雅俗等意义、色彩的不同。对老年男子的称呼，北京话"老头儿"是爱称，"老头子"是贬称，山东话则没有这个区别；西安话一般称"老汉"，尊称叫"老者"；闽方言一般称"老人""老的"，厦门话"老货仔"是爱称，福州话"老货"（老东西）则是贬称。各地方言还有因为避讳导致的修辞差异，比如"猪舌头"，北京话叫"口条"，南昌话叫"招财"，有的地方叫"猪赚头"，还有的地方叫"猪利钱"，反正就是避免说与"折本"同音的"舌"。古汉语中的何如、未曾、见笑、几多等在普通话里是显得古朴典雅的书面词语，在福州话、莆田话、厦门话、建瓯话里却都是十分地道的通俗口语。这种风格色彩的不同也是方言词的修辞意义差异的一种表现。

除了意义有差异以外，各地方言词形结构也有不同。不同方言词语的词根虽然相同，但由于采用不同的构词方式，所以词形也有差异。词形的差异主要有重叠式、附加式、单复音、词素顺序四种类型。

有的方言用重叠式构成的词比较多，例如江苏丹阳话和福州话，下面这些词都用重叠式："边边"（边）、"渣渣"（渣）、"皮皮"（皮）、"管管"（管）、"架架"（架）、"壳壳"（壳）。普通话中亲属称谓常用重叠式，南方方言则常用附加式。例如福建邵武话把"哥哥""弟弟""姐姐""妹妹"分别说成"老伯""弟儿""姊佬""妹儿/妹佬"。附加式构词很常见，但各地方言中用什么词缀则不一样。比如苏州话常加"头"，"鼻子"说成"鼻头"，"竹子"说成"竹头"，"被子"为"被头"，"手绢"为"绢头"。湘方言则用"子"尾较常见，例如长沙话把"星星"叫"星子"，"八哥儿"叫"八哥子"，"老鼠"叫"老鼠子"，"母狗"叫"狗婆子"。

从音节数量上看各地方言也不同。一般来说，南方方言单音节词较多。如厦门话把"甘蔗"叫"蔗"，"蜜蜂"叫"蜂"，"肥料"叫"肥"，"知道"叫"知"，"讥笑"叫"笑"。广州话把"房子"叫"屋"，"眉毛"叫"眉"，"翅膀"叫"翼"，"脖子"

叫"颈","肥皂"叫"碱"。但也有普通话是单音节词，但方言说成双音节的。如福州话把"床"叫"眠床"，"雷"叫"雷公"，"蛇"叫"老蛇"，"狗"叫"犬囝"，"醒"叫"清晰"。长汀话把"冰"叫"冷冰"，"井"叫"水井"，"帆"叫"风篷"，"秧"叫"禾秧"，"藕"叫"莲藕"。有些虽然结构、语素都相同，但是语素的位置不一样。如"台风"——"风台"，"热闹"——"闹热"，"泉水"——"水泉"，"堂亲"——"亲堂"，"尘灰"——"灰尘"，"拖鞋"——"鞋拖"，等等。南方方言中常把表示动物性别的词放在动物名字的后面，与普通话不同。如"公鸡"——"鸡公"，"母鸡"——"鸡母/鸡婆/鸡嫲"，"公狗"——"狗公/狗牯"，"公猪"——"猪公/猪哥/猪豭"，可能是受到了其他亲属语言的影响。

关于方言语法的差异，以前的人总是说汉语方言语法差异不大，但随着方言调查的深入，我们发现语法的差异比想象中要大得多。从大的方面来说，语法差异体现在词法和句法两个方面，词法的问题我们在讲词汇差异时略有涉及，词的内部结构、重叠形式等都算这一类。另外还有某一类词包括哪些内容，各地方言也有不同。就拿我们最常用的人称代词来说，各地差异也不小。第一人称代词单数，绝大多数方言说"我"，客家方言说"𠊎"；第二人称代词分歧较大，常见的有三种："你""尔""汝"。客家方言、粤方言大都说"你"。吴方言、赣方言有说"尔"的，如浙江温岭话、江苏丹阳话都说"尔"，山西文水、平遥方言也说"尔"。吴方言、赣方言和闽方言有说"汝"的，如江苏苏州话、江西黎川话、福建福州话。第三人称代词分歧最大，常见的有"他""伊""渠"等。官话方言、湘方言大都说"他"。官话方言中还有说"兀家""那家"等的，如山西太谷说"兀家"，汾阳说"那家"，临汾说"那"。吴方言、闽方言有说"伊"的，如上海话说"伊"，厦门话说"伊"。吴方言、赣方言、客家方言、粤方言和闽方言大都说"渠/佢"，如温州话、南昌话说"渠"，广州话、客家方言梅县话说"佢"，闽方言建瓯话说"渠"。

句法的差异可能更大。到了一个陌生的地方，听当地人说话，明显的感觉就是这些人说话时词语出现的顺序与我们不同。如普通话说"我打不赢他"，在湖南永州话中则说成"我搞他不赢"，补语出现的位置与普通话不同。

下面再举几例。

（1）双宾语位置。在普通话中，双宾语句一般是指人宾语在前，指物宾语在后。可是在很多南方方言中，却跟普通话语序相反，指物宾语在前，指人宾语在后。如：

> 普通话：给我一本书。
> 广州话：畀本书我。
> 梅县话：分一本书分𠊎。
> 南昌话：搦我一本书。／搦本书到我。
> 杭州话：拨本书我。／拨本书拨我。

（2）补语位置。普通话动补结构中间可以插入"得"和"不"表示可能和不可能，很多方言中的说法跟普通话不大一样。如：

> 普通话：我拿得动，他拿不动。
> 太原话：我拿动咾，他拿不动。
> 平遥话：我荷动了，兀家荷不动。

> 普通话：我最笨，我说不过他。
> 上海话：我闲话讲勿大来，我讲勿过伊。
> 苏州话：吾勿会得讲，吾讲俚勿过。
> 广州话：我唔识讲嘢，我讲唔过佢。／我唔讲得过佢。

（3）处置句。普通话常用介词"把"引出受事、对受事加以处置，汉语各方言里的处置句在结构上跟普通话相同，只是在介词的选用上各有特色，用词习惯跟普通话不大相同。如：

> 普通话：把那个东西拿给我。
> 上海话：拿伊面个物事拨我。
> 苏州话：拿弯个物事传拨吾。
> 梅县话：佢将𠊎茶杯打烂。

在吴语中，处置句还有另外的结构方式。比如在浙江的一些方言里，可以把宾语提到句首，接着出现主语，主语后面用一个"介代"结构放在动词的前头。如：葛只疯狗我拨伊杀脱勒。（普通话：我把那只疯狗杀掉了。）

需要我们注意的是，在有的方言里，表示处置的介词有时候会和其他介词混淆，产生两种结构混同的情况。如湖南临武话：书阿弟弟撕坏的/你阿教室打扫一下/红队阿蓝队打败的。（普通话：书被弟弟撕坏了/你把教室打扫一下/红队把蓝队打败的/红队被蓝队打败的）在这几个句子中，表处置的介词和表示被动的介词采用了同一种形式。

（4）疑问句。根据结构的特点，疑问句可以分为是非问句、特指问句和选择问句三种。如在普通话中：

> 是非问句：你真要带我走？/这件事你知道吗？
> 特指问句：谁叫你来的？/你怎么不进去说说呢？
> 选择问句：打篮球还是打排球？/这个人老实不老实？

特指问句的结构在各汉语方言中大致相同，是非问句和选择问句在不同的方言中有差异。普通话的是非问句常常在句末加疑问语气词构成，很多方言没有此类疑问句，代之以利用谓语部分肯定与否定相叠来表示疑问，但在句子结构上又各有特点，显示出大同中的小异来。比如广州话在利用肯定和否定的方式表示疑问的时候，可以把宾语放在肯定词跟否定词的中间。如：①你去学校唔去？（普通话：你去不去学校？）②佢睇电影唔睇？（普通话：你看不看电影？）西北一些方言、闽南一些方言里的疑问句，一般也不在句末加语气词，而是用肯定加否定的方式。如：

> 陕西凤翔话：你看电影啊不？
> 厦门话：你有食薰抑无？
> 福州话：汝有食熏无？

有的方言中，连接肯定与否定的"阿"（意思是"还是"）也可以省去。厦门话、浙南话、海南话省去"阿"的比较多，凤翔话、潮州话则很少有省去"阿"的。此外，吴方言、赣方言以及官话区西北官话、西南官话、江淮官话等还存在一种谓语前加疑问副词来表示疑问的句子结构。如：

西安话：一斤米得够？
苏州话：倷阿认得弯个人？／倷阿认得勿认得弯个人？
合肥话：你可认得那个人？

第四节　秘密语
——另一种方言

前面我们讲了方言的一种——语言的地域变体。实际上，广义的方言还包括另一种形式——社会方言，即语言的社会变体。社会方言是社会内部不同年龄、性别、职业、阶级、阶层的人们在语言使用上表现出来的一些变异，是言语社团的一种标志。人们平常说的"官腔""干部腔""学生腔""娃娃腔"等的"腔"，都是对某一言语社团在语言表达上的一些共同特点的概括。《林海雪原》中杨子荣与土匪对话的"天王盖地虎，宝塔镇河妖"广为流传，这种秘密语（或称黑话）就是社会方言的一种表现。

曲彦斌在《中国民间隐语行话》中说，民间秘密语（或称民间隐语行话），是某些社会团体或群体出于维护内部利益、协调内部人际关系的需要而创造、使用的一种用于内部语言交际的，以循词隐义和诘謈指事为特征的封闭性或半封闭性符号体系，是一种特定的民俗语言现象。秘密语在中国有着悠久的历史。中国汉语的民间秘密语滥觞于先秦，发达于唐宋，兴盛于明清，传承流变至今。

最早关于"市语"（秘密语）的记载是唐宋时期。唐无名氏的《秦京杂记》载：长安人市语各有不同，有葫芦语、镖子语、纽语、练语、三折语、通名市语。到了宋朝，已经呈现出一定的系统性，出现了专门介绍行业语的著作，如陈元靓《事林广记·续集》卷八《绮谈市语》和汪云程《蹴谱·圆社锦语》。宋代以后行业隐语大量涌现，宋代陶宗仪《南村辍耕录》卷九："下兵甲方殷，而淮右之军嗜食人，以小儿为上，妇女次之，男子又次之。或使坐两缸间，外逼以火,……酷毒万状,不可具言。总名曰'想肉',以为食之而使人想之也……"《鸡肋编》卷中云:"自靖康丙午岁,金人之乱……盗贼官兵以至居民更互相食人肉……老瘦男子庾词谓之'饶把火',妇人少艾者名为'不羡羊',小儿呼为'和骨烂',又通目为'两脚羊'。"这里称呼老瘦男子为"饶把火",妇人少艾者为"不羡羊",小儿呼为"和骨烂",称"人肉"为"想肉",都是古代军中吃人的秘密语。这些直接反映出古代社会有"人吃人"的现象。

清光绪年间苏州桃花仙馆石印本唐再丰编的《鹅幻汇编》卷一二,录有佚名氏所辑《江湖通用切口摘要》。连阔如在20世纪30年代以云游客的笔名在北平《时言报》上发表长篇连载《江湖丛谈》(后由时言报社结集出版),这本书除了介绍北平天桥、天津三不管等地的变迁以及艺人小传、艺人生活状况外,还记述和揭露了清末至20世纪30年代这一时期江湖行当的内幕以及危害社会的种种骗术,在这本书中记录了很多行业的"春点",也就是我们说的行业秘密语。赵元任先生也曾在《反切语八种》里讨论了秘密语的情况。

从秘密语出现的行业来看,只要是有不想让别人知道的内部秘密的行当似乎都有使用秘密语的需求。犯罪分子为了逃避打击,经常使用黑话。如长沙小偷用"韵味"来表示行窃时小偷给自己的同伙使眼色、传递信息,"摸冰"指专门偷睡着的人。昆明的小偷则用"飞猫"指那种爬上二三楼从窗户里入屋盗窃的方法,用"二指禅"指使用镊子盗窃,用"摸夜螺丝"表示专门晚上入屋盗窃。澳门赌博者用"金钱龟"指扑克牌的"5",用"啄地"指妓女。东北的土匪对团伙里不同的角色称呼不同,如用"兰把人""舵把子"称呼头领,"翻垛的"指军师、参谋,"炮头"指领兵上阵的小头目,"粮台"指管钱粮的,"字匠"指管抄抄写写的人,"孩子""崽子"指一般的匪卒。又用"翻张子"表示饼,"星星散"表示"小米饭","漂洋子"表示水饺,"萝卜片"表示大洋,"香炉脚"表示三,"一巴掌"表示五。山西省的雁北地区鼓吹乐艺人把"胡琴"叫"骆驼","拉胡琴"叫"拉骆驼","唢呐"叫"捏子/捏捏","吹唢呐"叫"光捏捏","上衣"叫"挂蓝儿","裤子"叫"叉路","鸡"叫"咯家","猪"叫"哼哈儿家","羊"叫"吃家", "驴" 叫 "耳家"。虽然这些秘密语用的是汉语，但由于语义已经发生变化，所以局外人难以理解。《帮会奇观》中对这一情况有一个生动的说明：洪门的暗号很多，涉及语言、动作等。联络地点常常在酒店、茶馆。堂信问："先生吃什么？" 客答："我要吃粮。"（意思是：我来入伙。）堂信问："先生从哪里来？" 答："从山里来。"（意思是：由山堂来。）堂信问："先生到哪里去？" 答："从水路回家。"（意思是：从山堂香水访问客人。）这些是某些组织乃至于强盗、土匪常常使用的联络暗号，这些暗号都是事先约定好的，外人不懂。

从构成方式上看，秘密语主要采用词义的变换、文字形式的改变和语音的更改。

山西夏县有种民间隐语叫 "延话"，是典型的通过词义变换形式构成的隐语。它没有自己独立的语音系统和语法结构，只是以100 多个单词作为核心的构词材料，通过它们彼此之间的组合或者同当地方言词语的搭配来表达日常交际中的各种概念。在构词材料的选用上，延话以民族共同语或本地方言中的已有词汇为主，通过更换或引申改变所选用词汇的原有意义，从而赋予其适合本群体需要的新义，进而达到隐藏真实意思的目的。根据其利用已有词汇构成隐语的情况，大致可以分为四类：第一，纯借词形，借用词形时已完全抛弃了已有词汇原有的意义，赋予其全新的意义。如称 "男人" 为 "尺"，称 "女人" 为 "攀"，称 "脸" 为 "散"，称 "眼睛" 为 "谢"。第二，兼借形义，往往是在语义方面改变普通词语的意义，通过比喻、借代、比拟、摹绘、婉曲等修辞手段对共同语中常用语义进行扭曲变形。如用 "吸" 这个动词来借代 "香烟/鸦片"。第三，借用古语词，如 "悦" 指 "高兴"，"糊" 指 "吃"，"饷" 指 "银子"，"降" 指 "下雨"。第四，自造新词，如把 "市场/集市" 叫 "广营"，"水" 叫 "来儿"。

文字形式的改变是一种文字游戏，通过对文字进行分解、组合的方式达到隐晦的目的。这种方式由来已久，《绮谈市语》分别把一到十说成 "丁不勾、示不小、王不直、罪不非、吾不口、交不义、皂不白、分不刀、馗不首、针不金"。有的采用词语首字谐音称之，如《西湖游览志余》所载 "四平市语"，一为 "忆多娇"，二为 "耳边风"，三为 "散秋香"，四为 "思乡马"，五为 "误佳期"，六为"柳摇金"，七为"砌花台"，八为"霸陵桥"，九为"救情郎"，十为"舍利子"。也有的源于"藏词"式析字法，如《全国各界切口大词典》辑录的清末民初挑夫、轿夫行业隐语行话说法，一为"挖"（字中含"乙"，谐音一），二为"竺"（字中含"二"），三为春（字中含"三"），四为"罗"（字中含"四"），五为"悟"（字中含"五"），六为"交"（字中含"六"），等等。苏知良、陈丽菲在《近代上海黑社会研究》中说：上海地区五方杂处，因此隐语也与各种地方语交融。黑社会人物与封建行帮有来往，犯罪隐语与行帮术语相混杂，并带上浓厚的封建行帮色彩。主要有：①拆字法：将"男"说成"田力头"，"女"说成"妄脱帽"，"乡村"说成"木寸"，"先生"说成"牛一"。②指事法：将数字用某一物说出。如将一到十分别说成旦底、挖工、横川、侧目、缺丑、断大、皂底、分头、未丸、田心。③加字法：在正常语句中加上一些不表义的字，经常加上"红黄白黑""东西南北"等等，如"我回家去"可以说"我红回黄家白去黑"。受过训练的人一听即懂，外人是不懂的。

改变语音也是隐语比较常用的方式之一，反切语是一种典型的代表。反切是汉语的一种古老的注音方法，利用反切原理创制的民间秘密语谓反切秘密语或切口。根据古代、近代汉语单音节词较多的特点，用某一词（字）的反切注音用字作为该词的秘密语符号形式，一经约定则成为"字无意义""隐中有隐"的语词形态的民间秘密语。例如明朝田汝成《西湖游览志余·委巷丛谈》所记杭州梨园市语，有以二字反切一字以成声音，如以"秀"为"鲫溜"，以"团"为"突栾"，还有以双声而包一字，易为隐语以欺人者，如"好"为"现萨"，"丑"为"怀五"，等等，即属此类。清末扬州钱庄业流行的所谓"老鸦语"中，亦可见此类语汇，如谓"手"为"寿州"，"你"为"泥笔"，"我"为"鹅黄"，"要"为"腰刀"，等等。流行在河南、河北、山东以及安徽北部、江苏北部的秘密语也大多采用反切的形式。下面我们以安徽寿县正阳关的一种反切语为例来说明。

正阳关当地人把这种反切语称为"反语子"或"市门语"，主要有反切和嵌字两种形式。所谓的反切是指用两个音节拼合成一个音节。反切语有顺说和倒说之别。顺说是声母代表字在韵母代表字之前，如北京的一种反切语"妈"说成"mai-ka"；倒说则是韵母代表字在声母代表字之前，如广州燕子语"妈"说成"la-mi"。正阳关反语属于顺说型。反切式是先把本字分成声母和韵母两部分，在声母后加一个附加韵；同时在韵母前加一个附加声，声调信息附着在韵母上。正阳关反语的附加韵依声母的不同略有差异，双唇音声母字的附加韵为"o"，其他声母的为"ə"，如铺［pʰu²¹²］：泼姑［pʰo⁵⁵ ku²¹²］、寿［səu⁵³］：舌够［sə⁵⁵ kəu⁵³］。如果声母与附加韵"o""ə"的拼合不符合当地方言的音系规则，就会改用其他附加韵，如县［çiaʰ⁵³］：席恋［çi⁵⁵ liaʰ⁵³］，附加韵为"i"而非"ə"，是因为舌面音声母"ç"（包括"tç""tçʰ"）和"o""ə"无法拼合。当本字是零声母音节时，声母代表字就选用相应的零声母字，如鱼［y⁵⁵］：月驴［ye²¹² ly⁵⁵］，阳［ia⁵⁵］：姨凉［i⁵⁵ lia⁵⁵］。韵母代表字的附加声母视韵母的开合情况有所不同，开口、合口呼韵母前一般是"k"，齐齿、撮口呼前是"l"，如探［tʰa⁵³］：特干［tʰə⁵⁵ ka⁵³］，店［tia⁵³］：德恋［tə⁵⁵ lia⁵³］。如果本字声母也是"k"或"l"，此时韵母代表字与本字读音相同，为避免本字音说漏，附加声母就要做适当调整。如：干［ka⁵³］，按规则应该是［kə⁵⁵ ka⁵³］，但后一音节与本字同音，因此改成"革烂"［kə⁵⁵ la⁵³］。当本字声母是擦音"s""z"时，为了不改变韵母，附加声母则要用"ts"，如市［sʅ⁵³］：舌致［sə⁵⁵ tsʅ⁵³］。

嵌字式是在反切式基础上的一种变体，是在反切基础上的再次变换。其基本方法是在声母代表字和韵母代表字中间加上两个衬字，前字后加"司"，后字前加"革"，同时把韵母代表字的声母一律改为"l"，原来的一个音节最终用四个音节来表示。如关［kua²¹²］：郭司革恋［kuo⁵⁵ sʅ kə⁵⁵ lua²¹²］，阳［ia⁵⁵］：姨司革凉［i⁵⁵ sʅ kə⁵⁵ lia⁵⁵］。

当然，除了我们上面讲的几种方式以外，秘密语还有其他的方式。如用手指、身态或实物表示一定含义。旧上海的青帮内部，成员进门先跨左脚，洗脸时将毛巾折成三叠，由上到下擦脸，再擦正中，最后擦右脸，不准横擦。衣领和袖口只能内卷，不可外翻。脱帽后要仰放在桌上，表示水中行船……到帮会成员家敲门时须"先三后四"。接受别人酒菜和物品时要伸左手接物，必须屈着无名指和小指用拇指、食指、中指接。如果用右手，则必须屈着食指，以示"不忘三老四少"。茶阵是一种实物秘密语的形式，即用茶壶、茶杯等摆法的不同表示不同的含义。冷学人在他的《江湖隐语行话的神秘世界》中说，茶阵，亦名茶碗阵，是清末天帝会以及后来的青帮、红帮等民间秘密组织内部用来表达心迹、斗法及联络的一种非语言的秘密语形式。了解这些采用非语言形式的秘密语，熟悉各种语言形式的秘密语，有利于相关部门掌握各行各业的动态信息。

本章主要参考文献及推荐阅读书目：

[1] 袁家骅. 汉语方言概要 [M]. 2版. 北京：语文出版社，2001.

[2] 侯精一. 现代汉语方言概论 [M]. 上海：上海教育出版社，2002.

[3] 游汝杰. 汉语方言学导论 [M]. 上海：上海教育出版社，1992.

[4] 董绍克. 汉语方言词汇差异比较研究 [M]. 北京：民族出版社，2002.

[5] 李如龙. 汉语方言学 [M]. 北京：高等教育出版社，2001.

[6] 刘剑，丁小梅. 帮会奇观 [M]. 北京：中国文史出版社，2001.

第三章 律诗绝句为什么不押韵

——谈谈语言的发展

先看两首古诗：

登 高

杜 甫

风急天高猿啸哀，渚清沙白鸟飞回。

无边落木萧萧下，不尽长江滚滚来。

万里悲秋常作客，百年多病独登台。

艰难苦恨繁霜鬓，潦倒新停浊酒杯。

玉阶怨

李 白

玉阶生白露，夜久侵罗袜。

却下水晶帘，玲珑望秋月。

《登高》这首诗因为完美的对仗、平仄及押韵而被誉为古今七律第一。按照七律的押韵格式，这首诗属于平起首句入韵，那韵脚字就是"哀、回、来、台、杯"，对应的普通话韵母是"ai、ui、ai、ai、ei"，这样看来，这首诗是不押韵的。《玉阶怨》的韵脚字是"袜、月"，对应的普通话韵母是"a、üe"，也不押韵。难道这两位大诗人会犯如此低级的错误吗？非也！实际上，在作者创作这两首诗的时代，这些字是押韵的，只不过后来发生了变化，到了今天已经变得不押韵了。

第一节 语言为什么会变化

万物皆流变，发展变化是事物运动的普遍规律，世界上不存在固定不变的事物。语言也一样，也是处于不断的发展变化之中的。语言如果一旦停止了发展，就没有了生命。只不过语言发展变化的速度缓慢，不易被人们感觉到罢了。但是，时间久了，细微的变化日积月累，就反映出语言在不同时代的明显差异。比如今天我们看古代的书，虽然字我们都认识，但理解起来恐怕没有那么容易。如：

王其鱼。
其于人也为寡发为广颡为多白眼。

这两句话是什么意思呢？前一句来自卜辞。按照现代汉语来看，好像是一个人的名字。但实际上，这里的"鱼"通"渔"，是动词，"其"是语气词，全句可以理解为："王能打到鱼吗？"后一句来自《周易》，是讲一个人的相貌，"寡"是"稀少"的意思，"颡"是"额头"，"广颡"意为额头比较宽大，"白眼"指眼珠子白多黑少。

语言为什么会变化呢？这个问题可以从两个方面来看：一个是外因，一个是内因。外因是语言赖以存在的社会，内因是语言内部各个要素的相互作用。

社会的进步会推动语言进一步发展。语言是人类社会最重要的交际工具，运用中的活语言是人类组成社会的条件之一，是社会成员之间最重要的联系纽带，因而它和社会的发展息息相关。社会由低级到高级，由简单到复杂，由落后到先进的发展，都会推动语言的发展；社会的分化、统一、相互接触也会相应地引起语言的分化、统一和接触。所以斯大林说，语言随着社会的产生和发展而产生和发展，语言随着社会的死亡而死亡。社会以外是没有语言的，因此要了解语言及其发展的规律，就必须把语言同社会的历史，同创造这种语言、使用这种语言的人民的历史密切联系起来研究。

随着社会的发展，新事物、新概念层出不穷。当一个新事物出现以后，必然要求人们对其加以指称，因此新词语不断出现。国家语言资源监测与研究中心、商务印书馆、中国网络电视台联合主办了 2013 年年度新词语评选活动，经过大众推荐和投票，十大新词语分别是：中央八项规定、棱镜门、H7N9 禽流感、土豪、自贸试验区、单独二胎、中国大妈、光盘行动、女汉子、十面霾伏。这些词都是根据新出现的新鲜事物新造的词语或者赋予已有词语以新义。人们的思维是发展变化的，这会向交际提出新的要求，推动语言不断丰富词汇，改进语法。把现代汉语和古代汉语加以比较就可以看出，词汇大大地丰富了，组词造句的格式也多样化了，今天的报纸社论、科技著作，是很难用先秦时期的汉语来写的。即使是新中国成立以后的几十年，随着社会的飞速发展，汉语的面貌有不小的改变。我们翻阅新中国成立前的书报杂志，就会感到有些词语很陌生，有些格式很不习惯。社会的发展变迁必然会在语言的词汇里留下反映各个时代特色的词语，起着历史见证的作用。比如"乡试""丫鬟""书童""姨太太""童养媳"，这类现象已经消失，所以这些词语一般情况下不再使用。有些现象虽然没有消失，但由于人们思想观念的变化，也会出现一些新词语来代替旧词语，导致旧词语的消亡，比如"邮差""老妈子""长官""伙夫""戏子"等。

　　社会之间的接触也会推动语言的发展演变。不同社会的交流也会促使语言发生变化，当然，这种交流包含多种样式，既可以是和平的、主动的经济文化交流，也可以是战争。从语言影响的领域来看，词汇受到的影响最直接，也最容易发生变化，语音和语法的变化则稍微慢一些。词汇借用的原因比较简单：两个社会集团的人互相接触以后，发现了对方生活中的一些不同于自己的"新事物、新经验、新习俗"，这些东西在本语言中没有，于是借来一些词语填补空白。汉语和周边语言的相互接触由来已久，因此填补空白的事情古已有之。如"苜蓿""葡萄""狮子""琥珀""祖母绿"等词都是从古代西域借来的。但由于这些词借入汉语的时间已经很久，其来源难以分辨，有人误以为这些词是汉语原有的词语，并加以任意阐释。如李时珍解释"葡萄"时认为，《汉书》作蒲桃，可造酒，人饮之，则陶然而醉，故有是名。也就是说，他认为"葡"是聚饮的意思，"萄"是大醉的样子。葡萄之所以称为葡萄，是因为这种水果酿成的酒能使人饮后陶然而醉，故借"葡"与"萄"两字，叫葡萄。实际上，葡萄是西域物种，《汉书》卷九六载："大宛左右以蒲陶为酒。……马耆目宿。……张骞始为武帝言之。……汉使采蒲陶、目宿种归。"可见，"蒲陶"（今写作"葡萄"）其物其名的确是武帝时汉使从大宛带回来的。

随着佛教的传入，汉语受到了印度语言的影响，接受了大量的佛教词汇。如我们熟知的"佛""菩萨""罗刹""夜叉""刹那""大显神通""不二法门""看破红尘""一尘不染"等，甚至一些我们常用的熟语也来自佛教，如"苦海无边，回头是岸""放下屠刀，立地成佛"等。

随着中国与西方交流的日益频繁，汉语受其他语言的影响日益显著，出现了大量的外来词汇。如"沙发"（sofa）、"引擎"（engine）、"比基尼"（bikini）、"超级明星"（superstar）、"巴士"（bus）等。有些外来词借入汉语以后，根据汉语词法的结构规律进行了适当改造，对表义不十分明确的添加语素，如保龄球（bowling＋球）、士多店（store＋店）、卡车（truck＋车）。当外来词汇为人们所熟知以后，还有可能把它当作一个语素来构成新的词语，如"吧"（bar）组合成"网吧""水吧""茶吧""聊吧""书吧"等。还有的从外来词汇中新生出能产的构词语素，比如"的士"（taxi）的"的"，可组合成"打的""摩的""飞的"。这些词最先出现的地方是与外界接触密切的地带，随着经济文化的发展而逐步向内地传播。

在谈到语言间的相互影响时，人们往往只注意到外语对汉语的影响，看到汉语中有很多外来语。但实际上，文化的交流是双向的，语言的输出也是双向的。以英语为例，它不仅受到了法语的影响，接受了大量的法语词，同时也借有大量的汉语词。如"Kungfu"（1966 年来自"功夫"）、"Kowtow"（1804 年来自"叩头"）、"Tofu"（1880 年来自"豆腐"）、"litchi"（1588 年来自"荔枝"）、"Fengshui"（1797 年来自"风水"）、"Taichi"（1736 年来自"太极"）、"Tao"（1736 年来自"道"）等，甚至毛主席著作中的一些词语也被借去，如"paper tiger"（纸老虎）、"running dogs"（走狗）等。

社会的分化和统一会推动语言的发展演变。一个使用统一语言的社会出现地域分化时，分化出的各个部分之间的交际会逐渐减少，一个地区内部新的语言现象的产生和旧的语言现象的消失就不大容易传到其他地区去，时间长了，原本统一的语言就会分化，并逐渐形成不同的地域方言或不同的语言。此外，在一个社会内部还会形成不同的社会集团，产生社群分化，这些不同的社会集团所用的语言也会产生差异，从而形成社会方言。如果不同的社会或同一社会的各个处于分化状态的部分走向统一，它们之间的交际势必增加，但不同的语言或方言会妨碍甚至阻断人们之间的交际，进而影响社会的统一和发展。

语言的演变只从外部找原因有时候是解释不清楚的，比如汉语的鼻音韵尾和塞音韵尾的演变过程是这样的：

	中古汉语	今南昌话	今苏州话
鼻音韵尾	-m -n -ŋ → -n（-m-n）	-ŋ →	-ŋ
塞音韵尾	-p -t -k → -t（-p-t）	-k →	-ʔ

为什么-m并入-n而不是并入-ŋ？为什么-p并入-t而不是并入-k？这些大概只能从音理和音系结构的同步变化来解释。因为-m与-n发音部位比较接近，-p与-t发音部位比较接近。在中古音系阴声韵、阳声韵和入声韵的配合关系中，-m尾与-p尾相配、-n尾与-t尾相配。再如，《说文》曰："冓，交积材也。""構"（今简化为"构"）、"講"（今简化为"讲"）、"購"（今简化为"购"）等等，从"冓"得声，"構，盖也"，"講，和解也"，"購，以财有所求也"，都有"交接相通"的意思。这些变化都无法从社会外部条件找到原因，只能是语言本身的内部问题。语言系统内部各要素之间的关系是语言发生变化的一个重要原因。

语言是一个有机的系统，系统内部某一个要素变了，就有可能导致整个系统的改变。有一首西方童谣，说一个马掌与一个国家存亡的关系，虽然夸张，可是环环相扣，比较生动地说明了系统的这种相互联系与影响的因果关系：

坏了一副马掌，坏了一只马蹄；
坏了一只马蹄，失去一匹战马；
失去一匹战马，死了一位将军；

死了一位将军，丢了一次战役；

丢了一次战役，败了一场战争；

败了一场战争，毁了一个民族；

毁了一个民族，灭了一个国家！

语言作为一个系统，其内部各个构成要素之间是互相联系、互相影响的，而不是孤立的。一种要素的发展变化，必然对另一种要素产生直接或间接的影响，各种要素处于既对立又统一的关系中，互相联系，互相影响，互相制约，局部的变化往往会引起连锁反应，牵一发而动全身。一个很明显的例子是语音的简化对词语音节数的影响。

汉语词汇经过了从单音节词到双音节词变化的过程。单音节词指只有一个音节的词，古代汉语词汇的最显著的特点是以单音节词为主。先秦两汉时期，单音节词占绝对优势。汉字是记录音节的，因此在上古，字和词基本上是对等的。如《左传·庄公十年》：

既克，公问其故。对曰："夫战，勇气也。一鼓作气，再而衰，三而竭。彼竭我盈，故克之。夫大国，难测也，惧有伏焉。吾视其辙乱，望其旗靡，故逐之。"

这段话共 52 个字，只有"勇气" 1 个双音节词，其余 50 个都是单音节词。"一鼓作气"后来才成为成语。

复音节词的大量产生是中古词汇发展的重要特点。中古产生的新词绝大多数是双音节词。上古以单音节词为主，到了中古，尤其是在口语中，复音节词逐渐取得优势。从魏晋以后学者对上古典籍所作的注疏中可以看出这点。如：

鹜、务……强也。（《尔雅·释诂》）
驰鹜、事务……皆自勉强。（郭璞《尔雅》注）
静言思之，躬自悼矣。（《诗·卫风·氓》）
静而思之，身自衰伤矣。（孔颖达疏）

中古复音节词的大量产生，原因是多方面的。一是语音系统的简化，上古不同音的字到中古，尤其是唐宋以后变得同音了，如"支、脂、之"三韵到"平水韵"已无分别，"奇"（支韵）、"祁"（脂韵）、"期"（之韵）同音。同音词太多，容易造成误解，不利于交际，区分同音字的办法之一就是复音化，通过增加词的音节数来区分同音词。

现代汉语已经不是单音节词占优势的语言了。原来的单音节词如"朋、友、道、理"等变成了构词语素，而由它们组合而成的双音节词在现代汉语中占主导地位。语言的发展变化是一环扣一环的，随着双音节词的产生，一个词内部的两个成分之间的关系又出现一些新的问题：在语音上、语义上产生轻重主次的区别，如出现轻声、儿化，某些实词的词缀化（如"初""第""老""子""儿""头""性""化"等）和派生词构词规则，等等，从而使汉语的面貌发生了很大的变化。

总之，语言是社会的交际工具，社会的交际是语言发展的最基本的条件，语言中各种要素的相互影响是在这一条件的基础上起作用的，它决定着每一语言发展的特殊方向。

第二节　语言发展变化的特点

语言是人类最重要的交际工具，是社会的每个成员使用的交际工具，它存在于群众之中，存在于不间断的使用之中，人们需要语言简直就像需要空气和水一样。这一性质决定了语言的发展演变只能是渐变的。同时，语言的发展在其系统内各组成部分的表现以及语言在各地发展的速度都是不同的，因此，语言的发展演变也是不平衡的。渐变性和不平衡性是语言发展演变的两大特点。

一、渐变性

事物的发展可能采取不同的方式。有的采取爆发式，如自然界中的火山爆发、地震、海啸等；有的采取渐变式，如从猿到人的转变、生产工具的改进等。语言的发展属于后者，是逐步发展变化的，不采用突变的方式演变和发展。古汉语唇齿音声母"非敷并微"是从双唇音声母"帮滂并明"分化出的，这个过程开始于公元

9世纪或者更早一些，到12世纪完成，经历了大约300年的时间。据研究，上古汉语否定式中代词宾语以处于动词之前最为常见（格式为"否定词＋代词＋动词"），到先秦时期这种格式依然常见，如"不尔杀"（不杀你）、"不患人之不己知也"（不怕别人不了解自己）、"不吾知也"（不了解自己）等。但当时也有并行的格式"否定词＋动词＋代词"，如"不知我""尔不许我"。后来，后一种格式逐渐取得优势，直至南北朝时期，在口语中第二种格式完全取代了第一种。

所以，语言的发展速度是缓慢的。为什么语言采取渐变的方式？这有两个原因：第一，语言是社会中的每一个成员都必须掌握且须臾不可脱离的交际工具。如果语言是不稳固的，那么人们永远也不可能掌握语言这个交际工具。第二，在日常生活中人们依靠语言来相互沟通和交往，在社会生产中人们依靠语言来进行协作和管理，如果语言不稳固，就会导致语言使用的中断。我们无法想象人们今天把"人"说成"rén"而明天又改说别的；今天把主语放在谓语的前面，说"我吃饭"，明天又改成在谓语的后面，说成"吃我饭"或"吃饭我"。如果这样的话，人们将无法进行正常交流。

在社会发展变化的推动下，语言也不是一成不变的，它不得不随着社会的发展而发展，否则就不能满足社会进步带来的日益增长和变化的交际需要。语言的稳固和发展都是由"语言是社会的交际工具"这一根本性质决定的，这两个互相对立的要求决定了语言的发展演变只能以渐变的方式进行。

二、不平衡性

在语言内部的不同组成部分之间以及在不同的地域之间，语言发展演变的速度和方向是不一致的。语言系统内部的不同组成部分与社会变化发展的联系程度是各不相同的，其中联系最直接的是词汇，其次是语音和语法。

为什么语言发展变化会有不平衡性呢？这可以从以下几个方面来认识。

第一，语言系统的各个组成部分与社会发展的联系有很大的不同。联系最直接的是词汇，所以词汇对社会发展的反应最灵敏，变化比较快。相比之下，语音和语法就稳定得多，它们的变化速度是不平衡的。社会生活中新事物的产生，旧事物的消失，人们观念的改变，是经常发生的。这些都随时在语言的词汇中得到反映，表现为旧词的消亡、新词的产生和词义的发展。例如，随着漫画中的一句抱怨："这就是天竺吗，不给力啊"，"给力"成为2010年最热的词之一。一边是"富二代""高富帅"四处炫富，让人炫目；一边是"穷屌丝""矮穷挫"暗自神伤。"伪娘""偷菜"的热潮尚未退去，"团购""秒杀"的大旗纷纷立起。至于"不明觉厉""喜大普奔""凤凰男""孔雀女"之类，如果不了解背景的人可能完全不知所云了。其实随着社会的发展，新成分进入语言是经常发生的事。

词汇的变化虽然灵敏，但它的基础仍然非常稳固。这表现在两个方面：一方面，词汇中的基本词汇反映交际中最常用的基本概念，不容易变化。如表示自然现象的词（"风、雨、冰、雪、星、火、水、山、天、地、日、月"），表示肢体的词（"心、手、头、皮、眉、耳"），等等。这些基本词汇从殷商时期就用到现在，表现出极大的稳固性。另一方面，构造新词所用的材料除了从外语借入的成分以外，几乎都是语言中古已有之的成分，构成新词的格式也是语言中现成的格式，所以绝大部分新词都是原有材料按原有格式的重新组合，是大家似曾相识的东西。词汇发展的这些极灵敏又稳固的特点是语言发展的渐变性和不平衡性的一种表现。

语言中成千上万的词都是通过有限的语音形式表达出来的。在一种语言里，几十个音位的排列组合完全能够满足语言表达的需要。即使词汇发生急剧的演变，也不会对语音系统产生明显的影响，或者说不会很快地带来影响。所以语音不会随着词汇的迅速发展而发生系统的变化。语法是组织语言材料的结构规则。新词是按照这种规则构成的，接受它的支配；旧词的消失也不会对结构规则带来影响，因为某些词虽然消失了，但是这种规则还存在于许许多多的其他词语中。因此，语法发展速度是很缓慢的，它的稳固性甚至比语音还要强。

上面我们说了语言的语音、词汇、语法发展速度的不平衡性。其实，即使在某一个子系统内部，同样的语言现象由于所处的条件不同，其发展也是不平衡的。以普通话声韵拼合规律为例（+表示可以拼合），见表1：

表1 普通话声韵拼合规律一览

声母 \ 韵母	开口呼	齐齿呼	合口呼	撮口呼
j q x		+		+
g k x	+		+	
z c s	+		+	

可见，j、q、x一组声母和g、k、x及z、c、s这两组声母的拼合规律是不一致的：前一组只能与齐齿呼和撮口呼相拼，后两组只能与开口呼和合口呼相拼。

第二，因为各地的社会政治、经济、文化等方面的发展水平不一致，往往导致语言在不同地域的发展变化具有不同的特点，所以语言发展变化具有不平衡性。

同一语言现象的发展速度、发展方向在不同的地域内可能不一致。它在有的地区变，在有的地区不变，在有的地区这样变，在有的地区那样变。语言发展演变在地域上的不平衡性是一种语言分化出不同的地域方言和亲属语言的重要原因之一。

即使是在同一社会集团内部，不同职业的人所用语言的发展速度也不相同。《镜花缘》是我国清代的一部文学名著，作者李汝珍在书中虚构了唐敖、林之洋、多九公等人出海经商的所见所闻。有一天，他们经过"淑士国"，这个国家要求全民读书考试，不读书的人被称为"游民"而遭人耻笑，结果是士工农商都穿儒服、说儒话。

　　三人进了酒楼，就在楼下拣个桌儿坐了。旁边走过一个酒保，也是儒巾素服，面上戴著眼镜，手中拿著折扇，斯斯文文，走来向著三人打躬陪笑道："三位先生光顾者，莫非饮酒乎？抑用菜乎？敢请明以教我。"林之洋道："你是酒保，你脸上戴著眼镜，已觉不配。你还满嘴通文，这是甚意？方才俺同那些生童讲话，倒不见他有甚通文，谁知酒保倒通起文来，真是'整瓶不摇半瓶摇'！你可晓得俺最喉急，耐不惯同你通文，有酒有菜，只管快快拿来！"酒保赔笑道："请教先生，酒要一壶乎，两壶乎？菜要一碟乎，两碟乎？"林之洋把手朝桌上一拍道："甚么'乎'不'乎'的！你只管取来就是了！你再'之乎者也'的，俺先给你一拳！"吓的酒保连忙说道："小子不敢！小子改过！"随即走去取了一壶酒，两碟下酒之物，——一碟青梅，一碟斋菜，——三个酒杯，每人面前恭恭敬敬斟了一杯，退了下去。

作者原本是讽刺科举制度和八股文，但我们从中可以看出的信息是，读书人的说话方式与普通百姓的说话方式是不同的：读书人用词典雅，文绉绉的，而普通人说的是大白话。可见，在同一社会集团的不同人群中，语言的发展速度也是不同的。

语言发展的渐变性和不平衡性这两个特点，使作为交际工具的语言既能随时满足新的交际要求，又能维持稳固的基础，保证交际的顺利进行。

第三节 语言发展变化的表现

语言系统由语音、词汇、语法三个子系统构成，所以语言的变化不可避免地在这三个方面都有表现。

一、语音的变化

古人没有今天的影音设备，因此我们无法听见古人的声音。但我们依然可以通过其他的渠道了解古代语音的状况，这些渠道主要有：古代的韵书、韵文材料，语言之间相互借用的材料，汉语方言，文字本身。

古代韵书是把汉字按照字音分韵编排的一种书，主要是为分辨、规定文字的正确读音而作，因此它记录了某一历史时期的语音状况。韵书是了解汉语在某个历史时期语音状况的非常重要的材料。理论上说，只要把各个朝代的韵书和现代汉语做一个比较，我们就会发现汉语语音发展的脉络。

韵文材料当然也是很好的参考资料。我们上文说过诗歌押韵情况的变化，其实这样的例子还有很多。比如：

长干行

崔　颢

家临九江水，来去九江侧。

同是长干人，生小不相识。

这首诗在作者生活的年代一定是押韵的，"侧"和"识"的韵母一样。但在现代汉语里，已经变得完全不押韵了，这是因为语音发生了变化。

再如：

卖炭翁

白居易

卖炭翁，伐薪烧炭南山中。满面尘灰烟火色，两鬓苍苍十指黑。卖炭得钱何所营，身上衣裳口中食。……

"翁、中"古今都押韵，这个没有问题。但"色、黑、食"用今天的普通话读起来就不押韵，但在唐代这些字却是押韵的：

	色	黑	食
唐代拟音	* ʂǐək	* xək	* dzǐək
普通话读音	sə	xei	ʂʅ

可见语音发生了很大的变化。

任何一个社会集团的人都不可能完全封闭，总是要和外界有这样或那样的交流。在交流中，语言的借用是常见的现象，汉语也不例外。一个词语借到别的语言中以后，就和母体脱离，两者的发展就不同步了，所以容易保持原来的面貌。古代朝鲜语、日语、越南语都曾从汉语里借去大量词语，现在还保存着当时一些读法，可以作为汉语古音构拟的旁证。汉语里的古奉母，现代日语吴音读"b"，古微母日语吴音读"m"，可以证实钱大昕"古无轻唇音"的说法。

语言的借用是双向的。古汉语也从外语里借来过一些词，从这些词的不同译名里，同样可以窥探出某些古音的痕迹。例如"印度"，梵语原为"Sindu"，汉代张骞通西域，开始知道这个名称，译作"身毒"。伊朗语音转为"Hindu"，六朝时我国译为"天竺"，后"h"音弱化，转为"indu"，唐人译作"印度"。"竺"和"毒""度"音相近，"竺"知母，"毒""度"定母，可证实钱大昕"古无舌上音"的说法。

方言是移植在地图上的语言史，世界上任何一种方言的差别都有历史意义。现代汉语方言就是移植在地图上的汉语史，现代汉语方言的差别，对于我们探索语言的演变具有非常重要的意义。汉语历史上有过的许多语言事实在现代汉语方言里大都可以得到印证。因此，比较汉语各地方言，可以帮助我们发现语音演变的历史。

如现代厦门话"方、飞、夫、分"等字声母念［p］，正是上古汉语没有轻唇音的证明；厦门话"知、诛、猪、张"等字声母念［t］，正是上古汉语没有舌上音的证明；双峰话"皮、裴、平、婆"声母念［b］，"啼、团、塘、亭"声母念［d］，"才、蚕、从、存"声母念［dz］，正是古汉语有全浊声母的证明。永州话"糖、甜、团"类似。广东话"急"念［kɐp⁵］，"汁"念［tsɐp⁵］，"日"念［jɐt¹］，"月"念［jyt¹］，"握"念［ak⁵］，"白"念［pak¹］，正是古汉语入声有辅音韵尾［-p］、［-t］、［-k］的证明。

文字是记录语言的书写符号系统，表音体系的文字就可以看出语音的变化。比如英语单词"knife"中"k"不发音，"knight"中"k""gh"都不发音，这是英语从古到今发展的见证。汉字不是表音体系的文字，我们无法通过汉字本身直接看出语音的变化。但是汉字中有大量的形声字，形声字本身和声符之间的关系透露出语音演变的信息。如：

声符	形声字1组	形声字2组	形声字3组
甫	傅辅缚	捕哺搏博	匍葡铺浦蒲
者	猪诸煮著	都堵赌睹	暑署薯

第一组字声符"甫"，现代汉语读音声母为"f"，形声字1组的声母为"f"，但形声字2组和形声字3组的声母分别是"b"和"p"。这是怎么回事呢？因为这组字在上古汉语里没有轻唇音，都读为重唇音，但是随着语音的演变，后来发生了分化，分成重唇音和轻唇音

两组，变成了现在这个样子。今天的福州话、厦门话依然保留着这种现象。第二组情况与第一组类似，声符"者"的现代声母为"zh"，形声字 1 组声母为"zh"，形声字 2 组和形声字 3 组分别是"d"和"sh"。这是因为上古汉语没有舌上音，全归舌头音（"d、t"）。

二、词汇的变化

我们前面讲过，一般词汇对社会生活的反映最及时，变化也最快。《红楼梦》不过是 200 多年前用北京话写的，跟今天的北京话相比，我们可以看出很多词汇上的变化。如《红楼梦》上说：

> 在那里晒日阳儿（第七回）
> 两个人隔坐咕咕唧唧的角起口来（第九回）

今天的北京话已经不说"日阳儿"了，而是说"太阳"，土话也有说"老爷儿"的。形容小声说话也不说"咕咕唧唧"，而说"唧唧咕咕"；不说"角起口来"，而说"口角起来"。

词汇的发展表现为：新词的产生、旧词的消亡、词语的替换、词义的演变。

社会是不断发展变化的，新的事物、现象、观念的出现，就需要有相应的词汇来指称，于是新词汇随之而生。如随着科技的发展，出现了"火箭""导弹""电冰箱""摄像机""电邮""云盘""网民""黑客"等；随着新的社会现象的出现，就有了"彩票""彩民""医闹""蚁族""打酱油""胶囊公寓"等；人们觉得某种说话方式比较特别而竞相模仿的时候，出现了"淘宝体""甄嬛体""凡客体""咆哮体"等。

同新词的产生一样，社会中旧事物的消亡、人们对客观世界的认识的变化等都可以引起词语的消亡。如《尔雅·释宫第五》：

> 东西墙谓之序。西南隅谓之奥。西北隅谓之屋漏。东北隅谓之宧。东南隅谓之窔。

这里的"序、奥、屋漏、宧、窔"所表示的意义，除了引用历史文献外，日常生活中我们已经不再使用。另如"皇帝、太监、娘娘、顶戴、马褂、红卫兵、走资派"等词汇，现实生活语言中已很少使用。在畜牧业生产还占有重要地位的上古时期，人们对牲畜种类的区分是非常细致的。以"牛"为例，当时汉语中表示牛的名称多种多样，如"牯"（母牛）、"特"（公牛）、"犉"（黄毛黑唇的牛）、"牭"（四岁的牛）等。后来随着畜牧业在人们生活中的地位和作用的减弱，这些名称逐渐简化和概括，于是各种各样的牛，渐渐都用"牛"这一个词指称了，原来的词逐渐消亡。个别的词如"特"虽然现在还被应用，但它的意义已完全改变了。词汇系统自身的调整也会导致词语的消亡。比如一对等义词经过调整规范后，一般情况是一个被保留，另一个被逐渐淘汰而消亡了。此外，许多带有外语色彩的词，往往会在规范和约定俗成中逐渐消亡。例如现在通用"电话""煤气"，而"德律风""瓦斯"等已被淘汰；现在都习惯用"话筒""连衣裙""青霉素"等，而"麦克风""布拉吉""盘尼西林"等现在也已经不用或很少使用，从发展情况看，这些词也逐渐消亡。

词义的变化是指词的某个意义发生变化。从逻辑概念的角度说，大体可以分为词义的扩大、缩小和转移三种类型。

词义的扩大是由个别到一般，由小类到大类的演变。比如汉语中"江""河"本来指长江、黄河，后来各种水流都可以叫江、河。又如"红"本来指浅红，后来包括深红、浅红等各种红色。英语中"barn"原来指存储大麦的地方，后来泛指存放谷物的仓库。

词义的缩小与扩大方向相反，是由一般到个别，由大类到小类的演变。如"弟"在上古汉语里曾是弟弟、妹妹的统称，为了区别男女，可以在前面加"男""女"，变成男弟、女弟。后来"弟"字范围缩小，只指弟弟，不指妹妹了。"坟"本来是指高出地面的土堆，后来词义缩小成专指埋葬死人的土堆。英语里"deer"原来泛指哺乳动物，后来专门指"鹿"这一种哺乳动物了。

词义的转移是指对象由一类转移到另一类，两类之间互不包含。如"走"古代指跑，现在指步行；古汉语中"脚"指小腿，后来指下肢脚踝以下部分。英语中"nice"原指愚蠢的，后来指美好的。

此外，词义还可以发生附加色彩的变化。如"喽罗"原指伶俐能干的人，有褒义色彩，可当面称赞对方是"喽罗"。如《旧五代史》载，后汉时刘铢对李业等人说："君等可谓偻儸儿矣。""偻儸"就是"喽罗"。后用来指称绿林的部下，如《水浒传》中官府和山寨都用这个词，变成中性色彩。到了现代，则用来指称帮凶、仆从，变成贬义了。

三、语法的变化

在语言三要素里，语法最稳固，所以发展的速度最慢。汉语中很多先秦典籍中的话，里面的语法现象与今天基本一样。如《公羊传》载：

> 是月，六鹢退飞过宋都。……曷为先言六而后言鹢？六鹢退飞，记见也，视之则六，察之则鹢，徐而察之，则退飞。

这段话译成现代汉语就是："这个月，六只鹢鸟倒着飞过宋国的都城。……为什么先说六而后说鹢鸟呢？六只鹢鸟倒着飞，是记录看见的现象，大概看一下，知道是六只，仔细看发现是鹢鸟，再慢慢细看，才发现它们是倒着飞的。"两相对比，我们发现，翻译后与原文相比，变化的只是每个词的音节数，也就是把单音节词改成双音节词，语法结构没有变。《史记》载："沛公军霸上，未得与项羽相见。"这句话里，除了"军"作动词以外，其他和现在没什么不一样的地方。再如"项庄拔剑起舞"，用今天的语法看就是连动式。再如《左传》"秦师伐晋"、《公羊传》"齐师大败"等，和现在的句式也差不多。《诗经》"南有嘉鱼""我有嘉宾"等就是现在的主谓宾结构。甲骨文中"王亥杀我"和今天的疑问句"你为什么杀我？"，两者结构一致。这些例子都说明语法体系具有稳定性。

虽然语法系统具有稳定性，但我们无法否定其变化，而且这种变化表现在多个方面。比如我们上面所讲的古汉语否定结构中代词宾语由前置到后置的情况，这是语序的变化。又如，先秦时期要表达"矫正（什么）"的意思，只能说"正之"或"矫之使正"；到了汉代开始出现"矫正"的组合，也就是说到了这个时候才开始有表结果的述补关系的组合；到了唐代，这种组合已经普遍使用了。这属于新的组合关系的建立。再如，汉语在殷商时代没有纯粹的量词（如"匹""张""个""头"之类），先秦开始产生，汉代以后发达起来。这属于新词类的产生。古代汉语常常用声调的改变来区别词类，如"王""食"等当名词时是平声，当动词时则读去声。同时，也有一些语法格式现代汉语中已经不再使用。如古汉语的名词词头，不仅有今天还使用的"阿""老"，还有国名、地名、部落名前面常加"有、句"等，如"有虞氏""有熊氏""有巢氏"等，《尚书》中有很多的例子：

> 何忧驩兜，何迁乎有苗？（《尚书·皋陶谟》）
> 有夏多罪，天命殛之。（《尚书·汤誓》）
> 殷既坠厥命，我有周既受。（《尚书·君奭》）
> 有殷受天命唯有历年。（《尚书·召诰》）

有时普通名词前面也加"有"字：

> 予欲左右有民。（《尚书·益稷》）
> 盘庚迁于殷，民不适有居。（《尚书·盘庚》）

先秦其他典籍中的例子有：

> 摽有梅，其实七兮。（《诗经·召南·摽有梅》）
> 发彼有的。（《诗经·小雅·宾之初筵》）
> 友于兄弟，施于有政。（《论语·为政》）

除"有"字外，尚有"于"和"句"：

> 于越入吴。（《春秋·定公五年》）
> 太伯之奔荆蛮，自号句吴。（《史记·吴太伯世家》）

但这些词头现在已经不用了。这是语法规则的消失。

上面我们讲了一些古代汉语到现代汉语发展过程中语法规则的变化。实际上，即使是在现代汉语里，语法规则也在发生缓慢但可以观察到的变化。比如"副词＋名词"现象。在黄伯荣、廖序东主编的《现代汉语》语法部分中有这样的表述：名词前能加表示物量的数量短语，一般不能加副词。但我们发现，在日常生活中出现越来越多的这种"副词＋名词"的用法。比如：

在一个非常物质的世界里，人们又多么希望从物质中超脱出来。

我们的电影或者电视人一般都爱走两个极端：一是非常艺术，……；另一是非常市场，虽搜肠刮肚、绞尽脑汁，但无一例外地是把功夫错误地花在了甩包袱逗闷子上。

非常话题，大胆前卫令人瞠目结舌。

非常可乐，中国人自己的可乐。

很淑女　很绅士　很运气

挺牛　挺孩子气

特男人　特知音

男不男，女不女　不文不白　人不人，鬼不鬼

比词典还词典　走正步，比军队还军队

越来越诗意

虽然人们对这种格式有不同的看法，有的语言学家甚至认为副词不能修饰名词，如果修饰了，肯定是有某个语言成分被省略，或者别的什么原因。但无论人们怎么看，这种现象都不可避免地发生了，而且使用的范围有逐渐扩大的趋势。

另外，近些年来，"有＋动词"结构在年轻人的口语中也呈逐渐流行之势。朱德熙先生认为"有"是准谓宾动词，宾语可以由动词充当，但只能是某些双音节名动词或者是偏正结构短语。如"有影响""有准备""有调查""有计划""有深远的影响""有周密的计划"等。但是"有吃饭""有上街"这样的说法在规范的汉语中还是很少见，随着影视剧的播放、影视艺人的影响，这种用法逐渐增多。如：

女孩："都是你呀，爱吃嘴。"男孩："那你也有吃。"

我也有劝少爷啊。

他有烧东西给你吃吗？

我刚刚有在后台和郎姐吵一架。

虽然之前我有逼你退学。

你有骚扰他们到什么程度？

你有被自己的电影感动过吗？

"有 + 动词"的格式从哪里来？不同的学者有不同的观点。有人认为是受方言语法的影响，如闽方言中动词"有"放在动词的前面，表示完成时态。如：

我有收着汝个批（福州话，"我收到了你的信"）

伊有食我无食（厦门话，"他吃了我没吃"）

我有买（台北话，"我买了"）

你有睇电影阿无？（潮州话，"你看了电影没有？"）

也有人认为是受英语的影响。英语中"have"做动词讲时，中文翻译为"有"，如"I have a book"，但英语中"have"还可以做助动词，如"She has discussed with me"。如果说汉语的人在翻译时采用"逐字逐句"的方式，且没有注意到此"have"非彼"have"，就会翻译成"她有跟我商量"，形成"有 + 动词"的格式。

还有的人说是类推造成的。所谓类推，是在省力原则的驱动下，人们用一种语法规则来影响其他规则，使其他规则向这种规则趋同演变。如根据"博客"类推出"播客、晒客、印客、换客"，根据"家庭妇女"类推出"家庭妇男"，根据"国际关系"类推出"人际关系"，根据"面的"类推出"轿的""摩的""板的""货的"等。那么根据"有"和"没有"的意义对应，则会产生出"有 + 动词"结构：

问　句	否定回答	肯定回答
你有没有去上街？	我没有上街。	我有上街。
你有没有劝少爷？	我没有劝。	我有劝。

在上面的例句里，否定的功能主要由"没"来承担。既然否定式是"没有 + 动词"，那么根据类推原则，肯定式只要把"没"去掉就可以了，所以肯定回答就用"有 + 动词"。

本章主要参考文献与推荐阅读书目：

［1］ 叶蜚声，徐通锵．语言学纲要［M］．北京：北京大学出版社，2011．

［2］ 石安石，詹人凤．语言学概论［M］．北京：高等教育出版社，1988．

［3］ 周振鹤，游汝杰．方言与中国文化［M］．上海：上海人民出版社，2006．

［4］ 朱建颂．方言与文化［M］．武汉：华中师范大学出版社，2008．

［5］ 杨锡彭．汉语外来词研究［M］．上海：上海人民出版社，2007．

第四章 "青蛙"与"麻怪"

——语言接触与相互影响

在湖南、江西、广西等地的方言中，人们把蛙类动物叫"麻怪"，根据种类的不同，可以分为青皮麻怪、田鸡麻怪、土基麻怪、赖皮麻怪、上树麻怪、石板麻怪等。"麻怪"一词在湖南南部方言中的使用频率很高，如衡阳人把小孩子叫"秧麻怪"，永州人把道县人称为"道州麻怪"。民间的俗语、谚语也经常使用，如"塘里麻怪塘里好，井里麻怪井里好""蛇死麻怪死"等。"麻怪"一词有不同的写法：《汉语大词典》写作"蟆蝈"，有的地方文献写为"麻拐""麻楞"等。那么，为什么这些地方的蛙类动物叫这个名字呢？这就要谈谈语言接触及相互之间的影响问题。

第一节 语言接触的表现

一、什么是语言接触

语言不会走路，怎么会接触呢？说语言接触，大概可以认为使用了拟人的修辞手法。语言本身当然不会接触，真正接触的是使用语言的人。那么，什么叫语言接触呢？当操不同语言的人密切接触时，这种接触会影响至少一种语言，并带来语音、句法、语义等方面的变化。我们把这种现象叫语言接触。

语言接触可以通过各种不同的方式，如民族之间的贸易往来、文化交流、移民杂居、战争征服等。各种形式的接触，都会引起语言的接触。语言接触后会互相影响，强势的语言对弱势的语言影响大一些，同时弱势的语言对强势的语言也会产生一定的影响。在语言中，这种影响表现为词语的借用、语法结构规则的借用以及语音的影响。

二、语言借用的条件

语言的借用需要满足一定条件。两种语言"接触"是最重要的条件，除此之外，还要满足其他一些条件。

第一，借用语言成分的人必须懂得或者自以为懂得用被借语言说出的特定语句或词语。也就是说，要想借用对方的语言成分，就需要懂对方的语言说出的话是什么意思。当然，在语言成分的借用过程中，绝大多数情况下是懂的，但也有不懂的情况。例如，二战后，有个外国人生了个儿子，取什么名字好呢？像每一个初为人父的人一样，这位父亲煞费苦心。突然有一天，他听到美国大兵在情绪激动的时候就喊"son of bitch"（狗娘养的），于是这个外国人（他不懂英语）想，被喊的肯定是美国人的守护神。当地有用圣徒的名字给小孩取名的传统，于是这位父亲就给这个小孩取名"San Ababis"。美国人骂人的话，却被那个不懂英语的父亲当成了"San Ababis"（圣·阿巴比斯）。真是一个什么都不懂、自以为是而大胆借用的人啊。

第二，借用语言成分的人必须有或明或暗的借用动机。动机有很多种，其中声望动机就是其中重要的一个。什么叫声望动机呢？人们都有这样的心理：在言语模式上或其他方面模仿自己钦佩的人。中国古代所谓的"吴王好剑客，百姓多创瘢；楚王好细腰，宫中多饿人"就是一种典型的在声望动机驱使下产生的社会现象。这种动机在言语模式上也有表现。英国在被法国人占领后，由于法国的先进文化，中上层的英国人开始学习法语，造成英语中有大量的法语词，如"gourmet"（美食）、"salon"（沙龙）、"ballet"（芭蕾）、"inquire"（询问）、"purchase"（买）、"depart"（离开）、"belle"（美人）等。另一个动机是填补空白的需要。两个社会集团的人在交流中发现了对方生活中的一些不同于自己的新事物、新经验、新习俗，这些东西在本语言中没有，于是借来一些现成的词语来填补空白。比如中国传统上只有"椅子"，没有装有软垫子、弹簧或泡沫塑料且两边有扶手的坐具，当这种坐具从西方引进后，汉语中没有一个词与其精确对应，只好将其词语借用过来，于是汉语中就有了"沙发"（sofa）。其他如"咖啡"（coffee）、"扑克"

（poker）、"康乃馨"（carnation）、"卡片"（card）、"霓虹"（neon）、"席梦思"（simmons）、"香波"（shampoo）、"的确良"（dacron）、"开司米"（cashmere）、"尼龙"（nylon）等与此相同。

三、语言接触的具体表现

语言接触后会产生语言成分的借用，这种借用可以发生在语音、词汇、语法各个领域。词汇对社会生活的反映最灵敏、最及时，因此，词汇的借用比较常见。每种语言中都有数量不等的借词。借词有语内借词和语际借词之分。语内借词是指同一种语言中两种地域方言之间或方言与标准语之间的词汇互借；语际借词包括境内兄弟民族语言之间词汇的相互借用和通过国际科技文化交流及商贸往来与境外他族语言进行的词汇互借。汉语史上大批外语借词进入汉语词库的现象始于佛教传入我国的汉代，特别是大规模佛经翻译运动开展之后。西语借词进入汉语则始于利玛窦等西方传教士来华的 16 世纪末，特别是李之藻和徐光启等人编译西文科学技术著作之后。英语借词大批涌入现代汉语是最近 100 年的事。

从汉语借自英语的词汇来看，其类型大致可以分为音译借词、意译借词和音义兼译借词。音译借词如"巧克力"（chocolate）、"雪茄"（cigar）、"色拉"（salad）、"三明治"（sandwich）、"歇斯底里"（hysteria）、"休克"（shock）、"维他命"（vitamin）、"钙"（calcium）、"的确良"（dacron）、"马拉松"（marathon）、"奥林匹克"（Olympic）、"吉他"（guitar）等。意译借词如"电视"（television）、"篮球"（basket ball）、"时报"（times）、"激光"（laser）、"飞机"（airplane）、"火车"（train）、"交响乐"（symphony）、"夜总会"（night club）、"黑人"（negro）、"罢工"（go on strike）、"工会"（trade union）、"应召女郎"（call girl）等。音义兼译借词如"冰淇淋"（icecream）、"萨门鱼"（salmon）、"汉堡包"（hamburger）、"咖喱粉"（curry）、"芒果"（mango）、"吉普车"（jeep）、"敌百虫"（dipterex）、"来复枪"（rifle）、"马海毛"（mohair）、"霓虹灯"（neon lamp）、"迷你裙"（mini skirt）、"绷带"（bandage）、"爵士乐"（jazz）等。

借词必有一个最先的落脚地，而这个地点肯定是本国与国外经济文化交流的最前沿。在中国与西方交流的过程中，广东、福建、浙江、江苏等沿海省份是早年西方传教士、商人、冒险家进入中国的东南门户，也是通往东北亚、东南亚和西方海上通衢的起点，因而这些借词在进入汉语时不可避免地沾染上这些地方方言的色彩。比如沾有粤语特色的借词有"巴士"（bus）、"的士"（taxi）、"花臣"（fashion）、"士多"（store）、"士担"（stamp）、"士叻"（slick）、"贴士"（tips）、"则纸"（check）、"马占"（merchant）、"啫喱粉"（jelly powder）、"吉列"（cutlet）、"拍档"（partner）、"燕梳"（insure）等。沾有上海方言特色的借词有"拿摩温"（number one）、"康白度"（comprador）、"沙发"（sofa）、"水门汀"（cement）、"泗汀"（steam）、"听"（tin）、"白脱"（butter）、"来纳"（liner）、"卡士"（cast）、"卡曲"（car coat）、"卡拉"（colour）、"加斯"（gas）、"扑落"（plug）、"朱古力"（chocolate）、"帮浦"（pump）等。

借词借入后，会经过本地语言的适当改造，使其更加符合本地人的语言习惯。有些词借入后，如果符合需求，会被当作一个成分重新组成新的词汇，如我们前面说的"吧"（bar）。有时甚至能在长期的竞争中战胜本族词。"站"就是这方面的一个有趣的例子。表示车站意思的"站"，汉语中原来叫"驿"，这个词后来借入日本，今天在日本仍叫"驿"，如"东京驿"就是"东京站"的意思。南宋时汉语从蒙古语中借用"站"，"驿""站"两词并用，后来元朝建立，在各地设立"站"，"站"就代替了"驿"。元灭亡后，明朝皇帝曾通令从洪武元年起"改站为驿"，但这些行政措施始终行不通，在老百姓的口语里一直用"站"，甚至明末的奏章中还有用"站"的现象。清代"驿""站"并用。"站"在现代汉语中已经进入基本词汇，用它来构成的词汇很多，如"车站""站台""粮站""广播站""气象站"等。

除了词汇的借用现象外，还有语音和语法的借用。语音的借用包括了音位的借用和音位组合规则的借用。音位的借用在印欧语系中比较常见。如美国南方人读"greasy"为［grijzij］，北方人则读成［grijsij］。中西部人到了东部后，"marry""harry""carry"发音开始变化，以前说成［merij］［herij］［kerij］，现在读成［mærij］［hærij］［kærij］。英语借用法语的音位组合形式比较常见。如法语字母组合"et"，借入英语中仍然保留其拼写格式，如"ballet"（芭蕾舞)、"beret"（贝雷帽)。法语字母组合"gue"，借入英语中仍然保留其拼写格式，如"fatigue"（疲劳)、"vague"（模糊的)、"vogue"（时尚)、"plague"（瘟疫)、"colleague"（同事)。

语法的借用包括词缀的借用、虚词的借用以及语法规则的借用。虚词借用如广西龙胜瑶族语从汉语借了连词"虽然"［se^{33} jwen]、"但是"［tan^{12}tsei^{231}]；语法规则借用如东南亚华人的"long time no see"。在东南亚，英语的使用人口很广泛，华人华裔也经常用更趋近于日常化的口语，好久不见的标准说法是："I have not seen you for a long time."经过汉语语法规则的改造后，变得更加符合汉语习惯。语音和语法的借用一般不及词汇的借用常见，而且这些借用成分在产生之初只在借词的范围内使用，而后才能逐渐将使用范围扩大到本族语言的词汇上。

语言接触会产生"语言底层"现象。语言底层是人们在学习新的语言时所带有的母语或底层母语（指已经死亡了的母语）的成分或特征，其性质属于语言接触中的语言转换中的母语或底层母语干扰（shift-induced interference）现象。简单点说，所谓的底层就是人们在学习语言过程中，学来的语言由于受到母语的影响，具有母语的某些成分或特征。语言底层干扰与语言假借（language borrowing）都是语言接触的产物，但二者是两种截然不同的概念。语言借用是由于语言交际的需要，甲语言借用乙语言某些成分，或者也可以说甲语言的某些成分渗透进入乙语言。底层干扰是语言使用者在第二语言习得或放弃母语改用另一种语言时，母语的某些特征保留在被习得或被改用的语言中。假如一个语言里有大量的借词，而很少有外来的句法结构、语音特点，可以判断为语言假借；相反，如果发现一个语言里有非本语言的语音特点、句法特点，而很少有非本语言的词汇，则可以判断为底层干扰。也就是说，语音特点和语法结构在判定底层干扰时优先于词汇。

汉语在历史上长期和境内兄弟民族语言接触，语言底层现象常见。上文中我们说的"麻怪"其实就是一种底层现象。在南方很多少数民族语言中，蛙类名称的读音与此相同或相近。如：

壮语_{靖西}	壮语_{武鸣}	布依语	仫佬语
kwe^3	kve^3	tu^{2}kwe^3	kwai^3

毛南语 勉语_{标敏东山} 土家语_{牛尾寨}
kuai³ ma⁴kwa³ ma²kwai³

壮侗语族语言多为单音节形式，瑶族勉语及土语为双音节形式，与今汉语方言对应性很强。但是汉语历史文献没有与壮侗语族等语言里的"青蛙"相对应的同源成分，因此这个词属于台语底层词。这个观点可以从文化角度得以证明："蛙"为古壮族人的图腾之一，今天壮族依然有蛙婆节，人们为了祈求风调雨顺，在节日上吹唢呐，敲铜鼓，唱山歌，跳蛙婆舞。

下面我们以湖南江永方言为例，说明语言的底层现象。江永县位于湘南边陲，东临本省江华瑶族自治县，南毗广西富川瑶族自治县，西交广西恭城瑶族自治县，西北与广西灌阳县相连，北与本省道县接壤。全县有瑶、汉、壮、侗、黎、苗等民族，近23.8万人口，少数民族人口占总人口的64%，其中瑶族人口14.7万，约占总人口的62%。女书的基础方言——江永土话很特殊，与常见的方言均有较大差异，有很多有音无字且汉籍无考的词语却可以在其他少数民族语言里找到对应。应该说，江永的语言经历了一个从百越语占主导地位到"百汉双语"直至汉语成为强势语言的过程。

根据有关史料记载，五岭一带最早是越人的居住地，秦始皇吞并六国后，征调大批军士囚徒征南越、戍五岭，公元前221年王翦所修的都庞戍就在江永县境内。这批人就是最早南迁与百越人杂居的中原人。鲁国尧先生在其《"颜之推谜题"及其半解》里提出了"语言（方言）入侵"的概念，所谓的"语言（方言）入侵"是指由于人群的大规模迁徙，一种语言（方言）由原所在地"侵入""扩张"到另一新地区，其结果或者被原土著语言（方言）同化了，或者在新区"打败"了当地语言（方言），"喧宾夺主"。其实远在秦代，在江永这片土地上，也同样发生了语言入侵的事实。入侵的汉语打败了土著语言，土著语言退居到偏僻的地方，但在长时间的共存与斗争中，它不可避免地受到"战败"语言的影响，从而具备了"战败"语言的特点。江永土话受到越语的影响而具有古越语的一些成分。

江永土话的古端母字今读为"l"，有的读为"n"。如：

城关话： 堆 lie 戴 lø 党 laŋ 等 lai 斗 lou
冷水铺话： 点 nəŋ 担 noŋ 端 naŋ 短 naŋ 丁 nioŋ

陈忠敏认为这是百越语的先喉塞音 ʔb、ʔd 演变的结果。他认为，先喉塞音在南方方言里是一种直接的多线条式的演变，即：

$$\textʔb\begin{cases}b\\m\\v\end{cases} \qquad \textʔd\begin{cases}d\\n\\l\\\textʔ\end{cases}$$

浙江吴语帮母、端母分别读 m、l/n 声母是先喉塞音演变的结果。理由一是帮母、端母分别读 m、l/n 声母的范围跟先喉塞音的分布范围大致吻合；理由二是侗台语里相同的先喉塞音有着相似的音变。现代的傣语正处于上述的变化过程之中：西双版纳傣语中的声母 ʔb、ʔd，在德宏是相应的 m、l：

	飞	村寨	叶子	鼻子	得	骂
西双版纳傣语	ʔbin	ʔbaːn	ʔbai	ʔdaŋ	ʔdai	ʔda
德宏傣语	men	maːn	maːw	laŋ	lai	la

江永土话端母字的读音与其他有类似现象的南方方言如出一辙，我们有理由相信这是古百越语语音形式在江永汉语中的遗留。

江永土话中有大量的有音无字的词语，但这些词语却可以在与之相邻的少数民族语言中找到相似的语音形式。这些词语大多是汉语在和古百越语长期的共存与斗争中留下的印记，它们有的完整保留古百越语的形式，有的经过了汉语规则的重新调整，甚至变成有很强的构词能力成分。下面举例说明。

丈夫 ［piau^{35}kuə^{44}］：后一音节是江永土话"家"的语音，前一音节是什么？黄雪贞先生《江永方言研究》没有写出本字。查《壮侗语族语言简志》，发现表示"父亲"进而表示"阳性"的词在各语言中的形式为：

	壮语	布衣语	傣语	水语	黎语
父亲	po	po	po	pu	pʰu
表示阳性	po	po	po	ai	pʰu
丈夫	po	—	pʰo	pʰa	maːn

最先表示父亲，然后表示男人，在江永土话中"丈夫"表示为"男家"。需要说明的是：在江永土话里，古汉语中开口呼的字有时增加韵头，如"炮"音［piau］。可见这种语音上的相似性并不是偶然的。

每［məŋ］：最常用来表示雌性，表意泛化后也可用来表示植物以及人体器官。在壮侗语也有着相似的语音形式：

	壮语	仫佬语	傣语	布依语
母亲	me	ni	me	me
母猪	mou me	mu mai	mu ɛ	—

它原本是表示母亲，后来逐渐演变成表示雌性，然后变成表性别的附加成分，最后可以加在无性别意味的植物、人体器官后。

湘南土话中，称呼曾祖父母为"白白"或"白公""白婆"，也有的称为"老白""白白爷爷""白白奶奶"。"白"与"白色"的"白"同音，与"伯"不同音。"白"在汉语词源中没有曾祖父的意思，也不能构成表示长辈亲属的称谓，因此湘南土话中表曾祖父的"白"并非本字，有可能是少数民族语言的底层遗留。试比较江永土话与瑶语标敏方言（广西壮族自治区全州县东山乡）关于高祖父与曾祖父母的称谓：

	江永县城关土话	标敏瑶语
高祖父	白白公 pɯə³³pɯə³³kai⁴⁴	ba⁵ba⁵ku³
高祖母	白白奶 pɯə³³pɯə³³mø³⁵	—
曾祖父	白公 pɯə³³kai⁴⁴	ba⁵ba⁵
曾祖母	白奶 pɯə³³mø³⁵	ba⁵ku³

江永城关土话与标敏瑶语高祖辈与曾祖辈的称呼十分接近，其他土话点与标敏瑶语在语音上更接近。以曾祖父为例：

	新田茂家	蓝山太平	蓝山新圩	嘉禾广发	标敏瑶语
曾祖父	pa^{21}pa^{21}	pa^{53}pa^{53}	p^{h}a^{45}p^{h}a^{45}	pa^{51}pa^{51}	ba^{5}ba^5

江永土话中高祖、曾祖的称呼与标敏瑶语对应并非偶然，而是湘南土话中一个比较常见的现象。这些词可能是古代少数民族语言的遗存。有些又经过了汉语的改造，加入"公/婆""爷爷/奶奶"之类的汉语成分，也可以看做是少数民族语言与汉语的合璧词。

荸荠［mu tsa］：广州话称为"马蹄"［ma^{4}thɐi^2］。荸荠本是南方植物，因此，生活在南方的古越语民族对其早有称呼。侗台语中"mak"前置于各类水果名称，如武鸣壮语"mak^7 tau^2"（桃子）、"mak^7 tum^6"（野莓果）、"mak^7 maŋ^3 ko^3"（芒果）、"mak^7 se^5"（杨梅）等。"荸荠"在龙州壮语中为"mak^7 heu^3"，武鸣壮语中读"ma^4 tǎi^2"。广州话"马蹄"的"蹄"与台语的"地"（"dai"）对应，因此，周振鹤、游汝杰二位认为，"马蹄"是古台语的底层遗留，意思是"地下的果子"。这个词的构词语序也与台语一致：修饰语后置于中心词。"荸荠"在有些闽、粤语中称为"马荠""麻荠"等，其中"荠"是汉语成分，周、游二位认为这些词是汉台合璧词。江永土话中的"荸荠"前一个音节是古台语的遗留成分，后面的音节为汉语成分，也是一个汉台合璧词。

穷［hai］：系江永土话，在壮侗语里有大致相同的说法。如：

	壮语（武鸣）	毛南语	水语	布衣语	拉伽语
穷	ho	hɔ	ho	ɤo	ho

痛［tsø］：江永土话，其读音和今壮侗语族的说法相似，应该是古百越语的遗留：

	黎语（通什）	黎语（保定）	傣语	拉伽语
痛	ts^{h}ok	ts^{h}ok	ts^{h}ep	ts^{h}ɛːt

江永土话入声的"-p、-t、-k"尾消失,所以少数民族语词汇借用后其相应韵尾也消失,语音基本能够对应。

墟:现代有些壮侗语把集市叫"墟"。据周振鹤、游汝杰考证,"墟"是唐宋时代少数民族的语言。古汉语中"墟"本作"虚",是"故城、废址"的意思。"墟"作"墟市"解,大约始于唐宋时期。在江永土话中仍然有这种用法,有时作地名用字(简写为"圩"),如"上江圩"。应该说"墟"也是古越语底层词。

峒:在壮侗语中是指"田场",即同一水源的小灌溉区。在同一个灌溉区从事稻作的人当然同住在一个峒里,形成一个单独的居民点,它在某种意义上相当于汉族的一个村,江永县有许多以"峒"命名的地方,如千家峒、田广峒。历史比较语言学早期人物莱布尼茨提出过一个重要的历史语言学原则:地名和河流是研究语言史的重要线索,因为这些名称可能来自很久以前的某种语言,但是由于其使用者被赶出或被其他语言所代替,原来的语言不复存在。作为壮侗语词语的"峒"就遗留在地名中,著名的风景区千家峒就是处在群山环抱之中的一大片平坦的稻田,这可以印证此观点。"峒"也是古越语底层词。

在语言的语音、词汇、语法三个系统中,语法系统很稳固,一般不容易发生变化。但是,在语言的长期接触中,语法规则常常会随着词汇的借用而发生零星的变化。江永土话在与古百越语言的接触中,语法规则也受到它的影响,一些古百越语常见的语法现象渗透到土话中来。

江永城关土话中量词比较特殊。如表人的量词为[ȵie⁴⁴],一个人是"一[ȵie⁴⁴]人",表示条形事物的量词用[məŋ¹³],如"一[məŋ¹³]香/烛/针/箭/葱/甘蔗"。江华县涛圩镇土话中有一个通用量词[naŋ⁵¹],相当于湘南土话中的通用量词"粒",可跟很多名词进行组合。如:

> [naŋ⁵¹] 一~米 一~落豆花生 一~桃子 一~南瓜
> 一~月亮饼 一~鸡蛋 一~枕头 一~屋
> 一~头壳 一~眼睛 一~膝骨头 一~疤
> 一~帽 一~袋 一~脚盆 一~日头/月亮
> 一~星子 一~道理 一~笠斗

[naŋ^{51}] 的功能相当于普通话的通用量词"个",但与名词的具体搭配范围又不尽相同。罗昕如统计了 476 个名词,其中可与 [naŋ^{51}] 搭配的有 130 个,可见其通用程度。[naŋ^{51}] 在汉语中无对应量词,但畲语中的量词 [naŋ^1] 却与之对应。畲语中 [naŋ^1] 是"个"的意思。如:

i^{6}naŋ^{1}ne^2　一个人	i^{6}naŋ^{1}ŋa^{1}kɔ^3　一个石头
^{3}naŋ^{1}ne^{5}taŋ^1　那个月亮仔	ŋi^{4}naŋ^{1}fuŋ^1　二十个碗

古畲族包含在"百越"这些泛指的古代南方少数民族之中,后来辗转东迁,而畲族曾经生活过的南方地区却可能保留他们的语言残迹。湘南土话中的这两个量词可能与这种底层残留有关。

江永方言代词系统特别复杂,一个地方有很多种说法。如上江圩第一人称代词"我"就有八种说法:[ŋ^{35}] [ie^{44}] [vu^{44}] [ən^5] [oŋ^{21}] [tsʅ^5] [tsie^{21}] [ɕiŋ^{35}]。说法之所以如此复杂,是因为有着不同的来源和层次,其中来源之一就是古百越语底层。我们将江永土话的"我""他""那"分别与苗瑶语和壮侗语族的语言进行比较:

	江永城关	道县仙子脚	宁远平话	勉瑶语
我$_1$	ie^{13}	iu^{13}	io^{53}	je^1
	水语	侗语		
我$_1$	ju^2	jau^2		
	新田茂家	川滇黔苗语	滇东北苗语	布依语
我$_2$	ka^{55}/ŋa^{55}	ko^3	ku^3	ku^1
	宜章大地	黎语保定	壮语武鸣	壮语龙州
我$_3$	xou^{11}	hou^1	kou^1	kau^1
	标敏瑶语			
我$_3$	kəu^3			
	江永城关	道县仙子脚	壮语武鸣	布依语
他	təɯ^{33}	tɛ^{41}	te^1	ti^1

	东安花桥	蓝山太平	嘉禾塘村	黎语通什
那$_1$	mai^{42}	me^{53}	mɛ^{35}	ma^5

	黎语保定
那$_1$	ma^2

	江华涛圩	苗语黔东	苗语湘西
那$_2$	ɛ^{31}	ɛ^1	ei^1

	桂阳银河	毛南语	仫佬语
那$_3$	ka^{33}	ka^5	ka^6

可见，这些代词都与南方少数民族语言有一定的关联和相似性，应该是古代少数民族语言的底层残留。

另外，江永土话中自称和复数常用〔nəŋ〕表示（应写作"侬"）。陈忠敏经过详细论证之后指出，"侬"是古代广泛分布于江南的方言词，既有"人"意，也用来自称。"侬"可能是古百越词语，意为族称和自称。古代百越人在接受汉语的同时，把他们自己语言中用于族称和自称的"侬"保留了下来，成为方言中"人"意和第一人称的方言词。在闽南方言中还有不少地方复数人称代词说"我侬、汝侬、伊侬"，与吴方言旧时的"三侬"之说一致，这个特点也保留在同样受到百越民族语言影响且地处更偏僻的江永土话中。

汉语和侗台语在语序上有一个重要区别：汉语的修饰成分在前，中心成分在后，而侗台语则恰恰相反，修饰成分放在中心语之后。如果汉语南方方言中出现这种修饰成分后置的现象，往往被看做古越语底层成分。江永方言中也有这类构词语序与侗台语相同的现象，体现了壮侗语特点，也可以视为百越语底层成分。如：

土 话	郎叔	郎公	娘亲	爷亲	夜黑	脚包
普通话	叔叔	祖父	亲娘	亲父	黑夜	裹脚
土 语	猴子每	鸭公
普通话	母猴子	公鸭

值得注意的是，在本地流传的特殊文字女书中也有此类现

象。如：

> 你家没得猪油板，茶油煮菜本是生。
> 姊娘长春绣房住，望日千般胜过人。
> 放下姐娘空房守，透夜不眠刀割心。
> 又气两老无人养，又气妇娘寡妇当。

上面诗句中的"猪油板"是"猪板油"的倒装，"绣房住"是"住绣房"的倒装，"空房守"是"守空房"的倒装，"寡妇当"的"当寡妇"的倒装。有些研究者认为这是非汉语的影响或遗留，其实不然，这些倒装是女书诗句的格律要求所导致的现象：女书格律要求奇句以仄声字收尾，偶句以平声字收尾，当句尾出现不合格律的字时则要调整。因为这些调整一般都有适当的语境，所以不会影响语义的表达。

有关江永土话中的百越语底层在关于湖南的文化区域划分中也可以得到印证。湘、资地区历来被视为越族故地，尤其是南部。唐代柳宗元在《童区寄传》中即以郴州为越地，甚至在《谢李吉甫相公示手札启》中说："潇湘参百越之俗。"宋初《太平寰宇记》关于风俗的内容称：岳州同湘州，衡州与潭州同，郴州与潭州同，桂阳监与郴州同。在"潭州"下引《湖南风土记》云"茅芦为室，颇杂越风"，表明上述各地文化均与越族有关。又永州与桂州同，道州"别有山徭、白蛮、倮人三种类，与百姓异居，亲族各别"，杂有越风更为明显。所有这一切都说明湘南尤其是江永、道县与越族有着相关的文化特征。在如此近距离的接触中，汉语和越族的语言相互交流、碰撞，在今天的江永土话中留有百越语的特征就不奇怪了。

第二节　语言接触的结果

当操不同语言的社会集团互相接触以后，语言必然会互相影响，这种互相的影响表现为词汇的借用、语言结构的借用等。随着语言接触的程度不同，两个社会集团的人所用的语言会经过双语现象而最终走向语言融合。

一、什么是语言融合

语言融合，也称为"语言替代"或"语言换用"。不同民族在同一地区长期密切接触以致渐渐趋向融合，这种情况导致的最常见的语言现象就是"语言融合"。语言融合并不是指产生"混合语"，而是指相互接触中的一种语言排挤代替了其他语言，即其中某一种语言成为胜利者，保留自己的语法构造和基本词汇，并且按自己发展的内在规律继续发展，成为趋向于融合的各民族人民的共同交际工具，其他语言则由于无人使用而消亡。这是不同语言统一为一种语言的基本形式。消亡的语言通常会在胜利者的语言中留下一些痕迹，如某些发音方式的特点，当地某些地名或特有地貌、物产的名称等。

每个民族都有自己的语言。氏族合并为部落，部落合并为民族，必然伴随着语言的融合。从春秋战国时期开始，我国历史上就有关于东夷、南蛮、西戎、北狄的记载。所谓夷、蛮、戎、狄，都是居住在汉族周围的一些兄弟民族，它们各有自己的语言。《礼记·王制》载：

> 中国夷蛮戎狄，皆有所安居。和味宜服，利用备器，五方之民，言语不通，嗜欲不同。达其志，通其欲。东方曰寄，南方曰象，西方曰狄鞮，北方曰译。

这段话是对中国语言地域差异的最早描写，不过"五方之民，言语不通"到底是指不同民族语言的不同，还是华夏语的方言差异，难以判定。《左传·襄公十四年》也记载了戎子驹支所说的话："我诸戎饮食衣服，不与华同，贽币不通，言语不达。"据汉刘向《说苑·善说》记载，春秋时代，楚王母弟鄂君子皙在河中游玩，钟鼓齐鸣。摇船者是位越人，趁乐声刚停，便抱双桨用越语唱了一支表示欢迎的歌：

> 滥兮抃草滥予昌枑泽予昌州州饒州焉乎秦胥胥缦予乎昭澶秦逾渗惿随河湖。

子皙听不懂，要求随员翻译："吾不知越歌，子试为我楚说之。"于是找来翻译，译成了楚语：

> 今夕何夕兮，搴中洲流。今日何日兮，得与王子同舟。蒙羞被好兮，不訾诟耻，心几烦而不绝兮，知得王子。山有木兮木有枝，心悦君兮君不知。

从这些记载中我们可以看到，这些民族的语言与汉语是不同的，相互之间不能通话。但经过春秋战国时期的会盟、战伐、兼并等，发生了民族的融合和语言的融合，因而后来史书上看不到各族人民往来时要求有翻译的记载。从这里我们可以推知，所谓夷、蛮、戎、狄的语言很多已与汉语融合。春秋战国是我国历史上的第一个混乱时期，但在民族关系和语言关系上来说，却是一个大融合的时期，汉语在融合中成为胜利者，继续按照自己的规律发展。

两汉以后，北方匈奴、鲜卑、羯、氐、羌等民族和汉族发生了密切的关系；隋唐以后，契丹、女真（包括后来的满族）等民族也和汉族发生了密切的关系。

满语完全被汉语取代是比较近的事情，一直到20世纪40年代还有少数老人会说满语。满族起源于东北地区，清人入关以后，东北的满人减少，随后汉人陆续移居关外，逐步形成满汉杂居的局面。入关的满族散居各地，处在汉语的包围之中。所以没过多久，东北的满语和关内的满语均被汉语所取代。

跟满族类似的还有中国的犹太人。在中国的犹太人数量很少，他们的语言情况也很少有人关注，但犹太人进入中国却有着悠久的历史。据史料记载，自唐代开始就有犹太人移入中国，他们一直生活在一个相对隔离的社群中。其中河南有一个犹太人的聚居区。据载，犹太人曾向北宋进贡西洋布，深得皇帝欢喜，于是诏其"归我中夏，遵守祖风，留遗汴梁"。开封犹太人跟中国以外的犹太后裔没有任何联系而孤立地存在，但仍然将自己的传统保留了数百年。在与汉民族和平共处的几百年里，不可避免地逐渐被汉人同化。到了17世纪，这种同化加剧了，结果导致了其礼仪习俗和语言传统上的改变。1850年，随着开封犹太社团的最后一个拉比（Rabbi，犹太教神职人员）的去世，开封犹太人中不再有人认识希伯来语了。

土家语是土家族使用的土家语支仅有的两种语言的统称。改土归流之后，汉语逐渐进入这一地区，从而使土家语等本地少数民族语言不断衰弱。另外，当地其他少数民族语言也不断遭遇到人为的破坏，如来凤县河东村在1940年还有30%以上的中老年人用毕基语通话，但是在那里剿匪的国民党部队把毕基语认作黑话，对说毕基语的人进行迫害，使这一带的毕基族人都不敢说毕基语，加速了毕基语的衰退。土家族所分布的乌江、酉水、澧水、清江流域，现今只有酉水流域还有人会说毕基语，1982年统计约20万人日常使用毕基语，到20世纪90年代使用毕基语的人数曾一度减少到不足6万人。语言多样性联盟认定毕基语属于极度濒危语言。现在土家族的很多人已经听不懂也不会说土家语了。

随着民族关系的发展，汉语和这些民族的语言发生了融合，汉语成为这些民族的共同的交际工具。

从历史上看，语言的融合在巩固国家的统一、民族团结、促进人民往来等方面都有积极的作用。春秋战国时期的民族和民族语言的大融合，为秦统一全国奠定了坚实的基础。两汉以来国家的统一和发展也清楚地说明了融合的历史进步作用。

二、语言融合的原因

语言融合有其客观要求。当两个民族的关系日益密切而逐步发生融合时，生产力发展水平较低、文化比较落后的民族，学习生产力发展水平较高、文化较发达的民族的经济、政治、文化，有利于自己的发展。政治上是否处于统治地位并不是决定性因素。例如汉民族在几千年的历史发展过程中曾数度被一些经济、文化上比较落后的民族所统治，但由于它在经济、文化上处于先进的地位，汉语在融合中总是被其他民族所采用而成为胜利者。

语言融合有其客观条件。各族人民必须生活在同一地区，形成杂居的局面。如少数民族在入主中原后与汉族人杂居，逐步与汉族融合，所以和数量上占优势的汉族人民杂居也是形成语言融合的一个重要原因。

当蒙古族在中国土地上占政治统治地位时（即元朝），蒙古语与汉语保持一种特殊的关系。统治阶级用的语言（蒙古语）理应成为全国唯一的公用语，但因为汉族当时的社会、经济和文化都比较先进，汉语仍不失其主导地位，甚至可以说蒙古语在绝大部分地区还没有达到和汉语平起平坐的地位。清朝时期，满族占统治地位，社会、经济和文化情形同元朝相类似，满语的书写系统（书面语）在朝廷上有与汉语同等的功能，但在整个社会生活中，汉语仍占统治地位。满语比蒙古语的生命力更弱些，在几百年的时间内渐渐衰退。

11 世纪法兰西诺曼底人侵入不列颠，从此就产生了英语与法语的语言融合。融合的结果是入侵者法兰西人在英国放弃了自己的语言，而改说英语。

三、语言融合的过程

语言融合的过程大体上是先出现双重语言现象，在双语过程中一种语言排挤、替代另一种语言，最后完成语言的统一。这是一个漫长的过程，不是在短时间内就能得出结果的突击行动。

双语现象是指同样的人交替使用两种语言的现象。双语现象是由于说不同语言的人们混居一处密切往来而产生的。这些人除了使用母语之外，还学习并使用另一种语言，例如美国旧金山的华人几乎都会说汉语和英语，但旧金山的其他会说英语的居民不会说汉语。甲方一般在公共场合说乙语言，在家庭生活中说甲语言。我国与汉族杂居的某些少数民族情况与此类似，在公共场合说汉语，在家里说本族语言。

同样的人在不同的场合使用不同的方言，或分别使用方言和共同语，这种情况更加常见。为了与发生在语言和语言之间的"双语"现象区别，这个可以称为"双言"现象。在我国，汉族地区普遍存在双言现象，很多人在公共场合说普通话，在家里说方言。

双语现象的出现是融合过程中重要的、富有特征性的现象，是两种或几种语言统一为一种语言必经的过渡阶段。固然，双语现象形成后最后是否导致语言的融合，这决定于社会历史条件：如果两个民族向融合的方向发展，相互间的关系越来越密切，其中某一个民族就会放弃自己的语言，完成语言的融合，如中国历史上鲜卑族与汉族的关系；如果两个民族向分离的方向发展，那么它们就继续各说各的语言，蒙古族与汉族的关系大体上属于这一种情形。但融合必须经过双语现象的阶段，这一点是无异议的。一般说来，两个民族生活在同一地区的时候，由于交际的需要，都会互相学习对方的语言，这在史书的记载中可以看到不少线索。李冲反对魏孝文帝的"不得以北俗之语言于朝廷"而主张"帝者言之，即为正矣，何必改旧从新"，可以从反面印证做官的汉人必须会说"帝者"的语言。魏分裂后，北齐的高欢及其继承人虽然想提高鲜卑语的地位，免被汉语融合，但双语现象的存在是很清楚的。如《北齐书》有这么一段记载：

> 于时，鲜卑共轻中华朝士，唯惮服于昂。高祖每申令三军，常鲜卑语。昂若在列，则为华言。

可见北齐的鲜卑族统治者及其统辖的"三军"都同时掌握汉语和鲜卑语，因而既可以用鲜卑语讲话，也可以用汉语讲话。当时的汉人，也有很多人会说鲜卑语，如刘昶"呵责童仆，音杂夷夏"（《北史》），北齐的一个士大夫为了取悦于鲜卑统治者，教儿子说鲜卑语和弹琵琶，"以此伏事公卿，无不宠爱"（《颜氏家训》）。由于汉族在经济、文化方面处于先进地位，汉族人学鲜卑语不是当时的主流，而且被人讥笑为"不得邯郸之步而有匍匐之嗤者，此犹其小者耳"（《抱朴子》），而鲜卑等族学习汉语则是当时不可阻挡的历史潮流。

在双语现象阶段，必然会产生语言间的相互影响，即使是被替代的语言，也会在胜利者的语言中留下自己的痕迹。可惜汉字不是拼音文字，历史上的这种痕迹今天已不甚清楚，但《颜氏家训》概述当时的汉语已经"南染吴越，北杂夷虏"，可见一斑。很多地名容易留下被替代语言的痕迹，例如东北的"哈尔滨""齐齐哈尔""富拉尔基"等是满语的残留，其中"哈尔"是满语"江"的意思，"哈尔滨"就是"江滨"。

文字是记录语言的工具，双语现象时期语言间的相互影响也可以在文字中找到一些线索。满文源自蒙古文，后来随着满汉两族关系的发展，满语与蒙古语的关系逐渐疏远，而与汉语的关系日益密切，因而在改进满文的书写形式时就进一步考虑到和汉语的对音，以利于转写汉语的词语（见《清史稿·达海传》）。如清初的满文，[s] [z] 不分，只用一个表示 [s] 的字母，就是说，表示 [s] 的字母既可以表示［s］，也可以表示［z］，而满语的［z］与汉语的［ts］相似，因而满文中多用［s］转写汉语借词的［ts］："罪"满文作［sui］，"蝎子"满文作［xiyese］。后来懂得汉语的满族人越来越多，知道［s］与［ts］不同，于是另造一个新的字母代表［ts］，以转写汉语的借词。这种现象与语言融合的过程是相呼应的。

　　总之，在语言融合的漫长过程中，双语现象时期语言之间的相互影响会对语言的发展产生积极作用，甚至在文字中也可以找到这种作用的痕迹。随着一种语言的消亡，这种痕迹就成为两种语言融合的历史见证。

第三节　语言接触的特殊形式

　　在语言频繁接触的地区，两种或多种语言的成分可能混杂成新的交际工具。一种是洋泾浜语（皮钦语，Pidgin），一种是克里奥耳语（Creole）。

一、洋泾浜语

　　洋泾浜语是掌握不同母语的某些人在特殊地区为暂时的交际需要而形成的一种混杂的交际工具。洋泾浜是上海外滩的一段，位于叫洋泾浜的河流（早已填没）和黄浦江的会合处。鸦片战争以后，上海辟为商埠，洋泾浜一带成了外国商人聚集的地方。他们和当地的平民接触，就用这种支离破碎的外语通话（官方的通译使用标准语）。在旧中国，人们往往用"洋泾浜"这种说法来指非正规学会的不登大雅之堂的外语，特别是英语。

　　"洋泾浜"是出现在世界好多通商口岸的一种常见的语言现象，不是中国所特有。可是国外语言学界根据中国人发英语"business"这个词的讹音，给这种语言现象起了一个名称，叫"pidgin"。

　　在旧上海，人们把懂外语者称为通事。而有些在洋行打过工的人，稍微懂得一点英语词汇，但读音不准、语法不通，他们讲的是"洋泾浜英语"，这些人通常被称为"露天通事"。冯泽夫等旅沪的宁波人在1860年编写了《英话注解》，这是上海出版的第一种"洋泾浜英语"手册。上海的"洋泾浜"主要是英语与上海话的混杂，所以有些洋泾浜英语要用上海话或宁波话发音才能知道其中的意思。有个叫查理斯·李兰德人，编过一本《洋泾浜英语歌谣集》。我们摘抄其中的一首歌谣：

> 来叫克姆（come）去叫谷（go），是叫也司（yes）勿讲拿（no），
>
> 一元洋钿温得拉（one dollar），廿四铜钿吞的福（twenty-four），
>
> 翘梯翘梯喝杯茶（have tea），雪堂雪堂请侬坐（sit down），
>
> 红头阿三开泼度（keep door），自家兄弟勃拉茶（brother），
>
> 爷叫泼茶娘卖茶（father/mother），丈人阿爸发音落（father in law）。

一方面，说两种不同语言的人为了能够交流，常常在语言上做出让步，简化自己的语言，夹入一些当地语言的成分，于是这种变了形的外语就成了当地人模仿的榜样。另一方面，当地人在掌握这种语言的时候，会受到自己语言中语音、语法规则和表达习惯的干扰，又对它进行相应的改变，而这些改变又被外来者所接受。最后，双方仿佛在语言上达成一种协议，产生了一种大家能够接受的交际工具。所以"洋泾浜"是当地人没有学好的外语，是外语在当地语言的影响下出现的变种。

"洋泾浜"的共同特点是：语音经过当地语言音系的适当改造，语法规则减少到最低限度，词汇的项目比较少，往往要借助于迂回曲折的说法指称事物。

语音方面，往往用"l"代替"r"，如把"room"说成"loom"，"all right"说成"all light"；以辅音收尾的词被加上元音，如"make"变成"makee"，"much"变成"muchee"。汉语不少方言没有"r"，只有"l"，汉语的音节很少用辅音收尾，这些发音特点反映了汉语音系的影响。

洋泾浜英语一般是用词干来造句，形态变化消失。因为只有几百个词语，所以有时一个词要兼有几种功能。英语中数、格、人称、时、体、态等变化都消失了。如，"belong"（属于）这个词使用很频繁，可以对应汉语的很多意思。"你好吗？"说成"You belong ploper?"（"ploper"就是"proper"）。"多少钱？"说成"How muchee belong?"（"muchee"就是"much"）。系动词"to be"一律用"belong"代替，如"I am""he is"统统说成"I belong""he belong"。"对不起"说成"My belong sorry"。"他现在在中国"说成"He belong China-side now"。要表示"给"这个意思时，常用"pay"而不用"give"，如外国女主人在接待自己的客人时，让仆人上茶，就说"Pay the missy tea."，甚至连外国人跟舞女告别时都会说"Pay my kissy."。由于汉语有量词，"peicee"（就是"piece"）这个词的使用很广，如"two peicee book"（就是"two books"）。用"side""tim"（就是"time"）分别表示空间和时间，例如"top-side"（above）、"bottom-side"（below）、"farside"（beyond）、"al-lo-side"（around）、"what-tim"（when）、"nother tim"（again）等。

洋泾浜英语词汇较少，据统计只有700多个，所以不少事物要用比喻或拐弯抹角的办法来指称。如"胡子"叫"grass belong face"，"口渴"叫"him belly alla time burn"，"受惊"叫"jump in-side"，"思考"叫"inside tell him"，"伤心"叫"inside bad"，"知道"叫"feel inside"，"改变主意"叫"feel another kind inside"，"失眠"叫"he took daylight a longtime"。当中有些迂回说法确切生动，反映出创造者的机智和幽默感。现在保存下来的一个典型的例子是把"双烟囱三桅汽船"描绘成"Thlee piecee bam-boo, two pie-cee puff-puff, walk along inside, no can see"，字面意思是"三根竹竿，两个吐烟管，走路的家伙在里面，看不见"。

"洋泾浜"这种语言现象的产生与17世纪以后帝国主义的殖民扩张有联系，是语言接触中的一种畸形的语言现象。它的使用范围比较狭窄，随着社会制度的改变，我国的"洋泾浜"在新中国成立后便停止通行，但这种现象在人们的语言中还是留下了一些痕迹。如习惯称一种开在屋顶上的天窗为"老虎窗"（"roof window"），称"处世能力"为"腔势"（"chance"），称无正当职业而以乞讨或偷窃为生的游民为"瘪三"（"beg say"），等等。

二、混合语

洋泾浜语的特点之一在于它是一定场合下使用的特殊语言，没有人把它当作母语来学习使用。但是在一定条件下，它也可能被社会采用为主要的交际工具，由孩子们作为母语来学习。在这种情况下，洋泾浜就变成了混合语，又叫克里奥耳语（Creole，是"混血儿"的意思）。如非洲某些地区的种植园，不但欧洲殖民者和非洲劳工之间没有共同的语言，就是非洲劳工，由于来自不同的部落，彼此也无法交流。在这样的社会共同体里，唯一通用的交际工具只能是经过洋泾浜化的殖民者的语言。随着不同种族、部落的人互相通婚，克里奥耳语就在家庭里扎根，被下一代的孩子作为母语来学习使用。在非洲以外的地区，海地有以法语为基础的克里奥耳语，牙买加有以英语为基础的克里奥耳语。美国佐治亚、南卡罗来纳州沿海岛屿上非洲人后裔使用的"Gullah 语"，也是一种以英语为基础的克里奥耳语，洋泾浜语一旦升格为克里奥耳语，在一个社会的全体成员的口头中扎下根，就会扩大词汇，严密语法，迅速地丰富发展起来，最后也可能会变得和其他语言同样完备。

克里奥耳语的特点是被孩子们作为母语来学习使用。其实，凡是操几种语言的人们生活在同一地区，由于交往密切，往往也会自然地采用其中的一种语言作为彼此的共同交际工具，并且使这种语言发生类似洋泾浜的变化。这样的语言虽然还没有成为该地区各族人的母语，但在性质上也是一种混合语。我国在一些民族杂居地区流行的"土汉语"，可以算是这种类型的混合语。

我国从宁夏经陇东、青海、川西到云南、贵州，是汉语和各少数民族语言相互接触的一个集中地区，人们称之为"语言走廊"。在这条走廊中有不少土汉语式的混合语。川西北的阿坝藏族自治州是民族杂居地区，各族人民为了相互往来而采用汉语作为共同的交际工具。由于自己母语的干扰，各族人民所掌握的汉语与汉语的实际状况有很大的区别，形成一种"似汉非汉"的土汉语；而汉族的干部、工人、教师等为了让兄弟民族居民听懂自己的话，也跟着学习这种土汉语，自编自创，促进了这种土汉语的发展。据调查，阿坝地区的土汉语，其声调由于受到当地没有声调的语言的干扰而消失了，如"老师"可以说成"老四"也可以说成"老死"，"保卫"可以说成"包围"。这种现象在学生的学习中就以大量的错别字的形式反映出来，如"天华（花）板""高矮不异（一）"。汉语没有浊辅音，也没有复辅音，但当地的少数民族语言既有浊辅音又有复辅音，因而这些特点也带入土汉语。当地少数民族语言基本上只有单元音，没有复元音，因而汉语韵母中的介音和韵尾在土汉语中不见了。如"粉条""扁豆"中的"条""扁"由于失去介音"i"而说成"粉桃"和"板豆"，"光了"中的"光"因失去介音"u"而说成"钢罗"，"幼儿园"的"园"因失去介音"y"而说成"约日烟"。汉语中的辅音韵尾只有"-n""-ŋ"两个，当地的民族语言却有丰富的辅音韵尾，因而在土汉语中的词也就出现了本来不应该有的韵尾。如把"萝卜"说成［lo pək］，"桌子"说成［tok ts］，"灯盏"说成［tən nʧɐr］，等等。土汉语的语法结构也出现了混杂的形式。当地少数民族语言宾语在动词前面，能愿动词在主动词后面（如"能说"说成"说能"），修饰语在中心语的后面（如"白马"说成"马白"）。这些结构特点也渗入土汉语，使当地土汉语的词序和汉语相去甚远。请比较：

头发剃没有。／没有理发。
牙齿洗没有。／没有刷牙。
张三同意常委的请举手。／同意张三为常委的请举手。

有一些话特点更明显。如：

我心里不来。／我想不起了。
老乡饭吃一个没有？／老乡吃饭没有？
尿动身。／想撒尿。
他（的）耳朵里不去。／他听不进去。

　　像这种混杂有不同语言结构特点的土汉语，汉族人是听不懂的，但在当地却有一定的生命力，少数民族居民乐于接受和使用。和少数民族居民生活在一起的汉族居民，特别是一些教师和干部，也使用这种土汉语。他们不仅用来跟当地的少数民族居民交谈，而且还在开会时说，在上课时说，甚至到了大城市见了汉人也说。由于有很多人使用，这种土汉语在日常的交际中有一定的影响。但我们应该承认，这不是一种正常的现象，而是社会生活发生急剧的变化、各族居民交往日益频繁而产生的一种特殊的语言现象，它虽然在学校教学中使用，但效果不好，不利于语言教学和文化科技知识的传播。这种现象会随着民族地区经济文化的不断发展而逐渐改变,同时我们应加以重视和引导,以利于语言健康发展。

本章主要参考文献及推荐阅读书目:

［1］ 游汝杰. 汉语方言学导论［M］. 上海:上海教育出版社,1992.

［2］ 叶蜚声,徐通锵. 语言学纲要［M］. 北京:北京大学出版社,2011.

［3］ 熊文华. 汉语和英语中的借词［J］. 语言教学与研究,1996(2):126–140.

［4］ 陈忠敏. 语言的底层理论与底层分析方法［J］. 语言科学,2007(6):44–53.

［5］ 罗昕如. 湘南土话中的底层语言现象［J］. 民族语文,2004(1):20–25.

［6］ 贡贵训. 女书基础方言的古百越语底层［J］. 辽东学院学报:社会科学版,2008(6):66–69.

第五章 广西百色是
"多彩的地方"吗

——地名中的语言学

在全国的很多地方，都有一些奇怪的地名，如广西的"百色"、东北的"黑龙江"、浙江的"余姚""余杭"等。这些地名是什么意思？我们是否可以按照汉语字面的意思来理解？这恐怕就需要我们了解一点地名学的知识。

人类在经过长时间的探索后，对外部事物有了一个认识，在日常生活交际中，人们往往要对所认识的事物进行指称，而指称就需要名字，这是名称产生的重要条件。地名是语言中的词语，也是语言中最先出现的语词中的一类，因为称说某个地域，是人类活动最根本的需要，"某个地方有野果可采摘""某个地方有鱼、有猎物可打"，这是最先需要说的话。地名的构成遵循一定的语法规律，地名用字与民族语、方言密切相关。地名的书写和称说可能存在不同的变体，对历史地名的考释和解读必须从字的形、音、意入手，现代地名的规范化也必须联系语言的规范化来进行。因此，地名和我们的日常生活密切相关，地名研究和语言学密切相关。

地名是人们赋予各种地理实体的指称，包括地点、地方、地物（地上的建筑物、园林等）、地域、水域等概念，它是泛指人类活动所在的各种三维空间的地理实体。有的人认为地名属于地理学的研究内容，这点我们不可否认。但是地名的存在历史非常久远，而且和人类的生产生活密切相关，因此地名就不可避免地被打上人类生活的印记。只从地理学的角度考察与研究地名不可能进行得很深入。除了可以反映地理方面的信息外，地名还可以反映以下一些方面的信息：

第一，地名可以反映历史文化。地名是不同历史时代的产物，它与历史社会文化有着千丝万缕的联系。历史的踪迹会在地名中有所保留。历史上的古国、历代的年号以及古代官衔，很多都保留在现在的地名中。如河南的上蔡、息县，上海的嘉定，江西的景德镇，北京的火药局胡同，等等。

第二，地名可以反映宗教文化。宗教是一种重要的人类文化现象，它相信在现实人类世界之外还存在着一种超自然的力量。这种力量主宰自然和人类社会，因而使人敬畏、崇拜。当今世界，信仰各种宗教的人约有几十亿人。宗教的地理分布同自然环境和人文环境有密切联系，有关宗教以及宗教建筑物的地名在不同的地域有着不同的分布，但总会反映到地名中来。如佛教的慈恩寺，道教的九宫山、白云观等。

第三，地名可以反映社会心态。一个民族的社会心态不仅有伦理观念，而且还有社会价值观念，甚至宗教信仰精神。从文化伦理的角度来审视，地名不仅可以反映自然地理景观的各种特点，而且可以反映人文地理景观的各种特点，甚至还包括民族的社会心态。人们普遍的祈祷幸福、求太平安宁、重宗族的社会心态都会反映在地名中。例如寿、吉、昌、安、宁、和、平等字频繁出现在地名中。

第四，地名可以反映社会经济的发展。许多地名与古代社会经济活动密切联系，从这些地名里，我们可以透视历史社会经济文化活动的各种行业，各种市场的集中区。凡是带墟、店、集、市、铺的地名，都与市场中的集市、店铺有关，如牛墟、符离集等。不少地名是按照不同的行业取的名字，甚至按照所经营的商品来命名，如米巷、豆腐巷、糖街等，东安的碗米铺便是典型的例子。

第五，地名中存在着大量的语言信息。地名是人们用来指称地方的词语，是人类交际过程中产生的，它和语言的联系最为密切，地名在语言学研究中有着非同寻常的价值：古音的保留、语言的接触以及特殊的构词等现象都会在地名中有所反映。早在历史比较语言学的萌芽阶段，德国著名数学家和哲学家莱布尼茨就指出：地名和河流名字是研究语言史的重要线索。虽然某个地方的人口构成可能发生了很大的变化，但是历史上曾经的居住者会在地名上留下印记。比如北方诸民族与北方汉族交往时间一长，北方方言就会受到阿尔泰语系的影响。根据张清常教授研究，"胡同"本应该是蒙古语"水井"［xutak］的借词。通行在南方的"那""余"等字眼也都是南方少数民族语言的遗迹。

第一节　地名的命名规律

—— 以永州地名为例

地名是专名的一种，用来作为单一事物或地域的指称。和一般词语相比较，地名是具体的、个体的，一般词语则相对抽象。例如"山"是抽象的概念，包括很多大小高低不同的山，而"黄山""华山""衡山"则是具体的山。

人名也是专名，但和人名相比，地名的命名法更多地取决于人们所感受到的客观情状，而不像人名那样更多地受命名者主观意图的制约，因为初生婴儿几乎没有什么显著的个人特征。地名则不同，除了一些后起的年号地名、序号地名和寓托性地名之外，早期的地名大多数是反映人们对某地自然特征或社会特性的分类和认知。也就是说，地名虽然也有些命名者的主观因素，但大多数还是反映了地点的客观存在与特性。

根据李如龙先生研究，汉语的地名大致可以分为描述性、记叙性和寓托性三类命名方法。

一、描述性地名

所谓的描述性地名，指的是用记叙或描述的方法给地理实体所取的名字。在地名中，这类名称最常见。根据命名者着眼点的不同，又可分为三种情况。

（一）表示地理位置

有的地名记叙某一地域的地理方位，这类地名比较常见。如河南、河北，是以黄河为参照，河南在黄河的南边，河北在黄河的北边；山东、山西是以太行山为参照，太行山以东的叫山东，太行山以西的叫山西。古人经常以太阳作为参照，山的南部经常会接受太阳的照射，山的北部则经常没有阳光；山是地平面上的突起，而河流的地形与山相反，所以河流的阴、阳与山相反。因此，山南水北叫阳，相反，山北水南叫阴。如陕西华阴，在华山的北面；江苏淮阴，在淮河的南边。南宋名将岳飞是河南汤阴人，《水经注》载

"荡水出县西石尚山泉，流经其县……县因水以取名也"，汤阴县在汤河的南边。湖南衡阳在衡山之南，洛阳在洛水之北，湖南祁阳因处于祁山之南而得名。类似的还有贵阳，清乾隆《贵州通志》卷五载贵山"在城北五里，一名贵人峰。郡之得名以此"，可见贵阳是因为地处贵山之阳而得名。民间认为贵州"天无三日晴"，缺少太阳的说法可能不太确切。指明方位的地名在乡村级单位地名中更加常见，如湖南永州有这样一些地名：东门、东田、岭头上、龙门口、大江口、双江口、西头、洲上、江边、上关、桥头、坪地尾、山下、洞心、岭脚、岱底、凼底、枫木脚等。

有的地名标明了地理距离和面积等方面的信息。安徽颍上县有十八里铺，这是宋元时期传送邮件的急递铺制度的遗存。《元经世大典·急递铺总序》：

> 十里或十五里或二十里设一急递铺。十铺设一邮长，铺卒五人。文书至，……卒腰革带，带悬铃，……赍文书以行，夜则持炬火焉。

合肥有三十头、五十头等，这些数字表明此地距离行政中心的里程。另外如七里营、八里庄、五里牌、三里店等都是此意。表示地域面积的，如三亩田、八亩田、八亩丘等。

有的地名用编排一定的序列来表示相互间的方位关系，数字、天干地支、十二生肖都可以。如北京西城有四道口、五道口；旧上海有大马路、二马路、三马路、四马路、五马路、六马路，现在分别改成南京路、九江路、汉口路、福州路、广东路、北海路。还有以大小、上下、东西南北组成一对地名的，如湖南永州有大锡、小锡，上界头、下界头，大圩、小圩，西江桥、南江桥，等等。广西、贵州等地有羊场、猴场、鸡街、狗街等名称，这些地名最早是用十二生肖来标记集市的日期，时间长了就变成了地名。

（二）描述自然景观

这类地名通常是对地形和自然景物的描述，如十万大山、九曲溪、万泉河、长岛、三角街、五角场等。五指山、象鼻山、日月潭、眼镜湖、花瓶屿等完全是对地形的描绘，北京的五棵松、槐树庄，江西的樟树，云南的石林，重庆的石柱，吉林的大榆树等地名则是对自然地物的标记。

土壤和水文特点也常常是地名命名的依据，人们在命名时，有时从视觉角度，从触觉角度，有时对水的深浅、清浊、流速快慢等都有反映。白水、白沙、黑山、黄土岭、黄泥岗等都属于这一类范畴。在湖南永州，我们可以看到诸如白沙、白石、白塘、荒塘、凉水井、冷水滩、沙洲、黄泥塘、混水塘、油湾、沙河滩、白毛滩、白田、黄沙、青石、黑山脚、蓝山、甘溪、黑溪、青石板之类的地名。在山西，则有白碱滩、胶泥圪洞等地名。

有时候气候和景色也是命名的依据之一。重庆别称雾都，昆明又叫春城，雷州打雷比较常见。恒春位于台湾省的最南端，一年四季树木常绿，鲜花盛开，所以叫"恒春"。

（三）说明自然资源

自然资源和人类生活密切相关，也是人们比较关注的对象，因而也会成为地名的组成部分。象洞、鹤山、蛇岛说明动物资源很多；杉洋、松山、桂林、桐柏则是以植物资源命名。地下矿产资源一旦被发现后也常常作为命名依据，比如铜陵、铜官山、铜川出产铜，铁岭产铁，山西太原有炭沟子、炭岭的地名，这里肯定是出产煤炭了。说明自然资源的地名在湖南永州有集中体现，如菱角塘、九狮岭、鲤溪、沙井、大锡河、黄金洞、柑子园、香花井、楠竹冲、松柏、白竹塘、桐子坪、莲花、柏梧塘、松林湾、枫林、枣树坪、珊瑚、银山、桐木塘、韭菜岭、草藤冲、水银江等。

二、记叙性地名

依据当地人文地理特征而起的地名叫记叙性地名。

（一）叙述文化景观

人类改造自然所得到的景观称为文化景观。依据各种人工建筑、设施命名的地名都属于文化景观地名。常见的亭台楼阁、房屋、水井、集市、工作场所都可以用来作为地名。比如三家巷、四牌楼、上窑、外窑、瓦场等。永州地名中这一类非常常见，如以亭、井、碑、桥、渡命名的地名有永济亭、长冲亭、许家亭、黄土井、大井、鲁头碑、东湘桥、友谊桥、富家桥、上马桥、凤仙桥、白马渡、火田渡等。

反映本地人的宗教信仰和民间传说的地名基本上以观、庙、寺、堂、殿等命名，如大仙观、阳山观、盘王庙、岳洪庙、总管庙、何公庙、白马庙、据江寺、竹管寺、同德堂、天堂、华国堂、汉皇殿等，反映出当地居民的宗教信仰基本上是以佛教和道教为主。

商业活动基本上反映在圩、铺、市等为通名的地名上。圩，在本地应该是"墟"的俗写，读为［ɕy^{55}］，意指农村定期的集市。对此字，清人屈大均曾有解释："越谓野市曰墟。市之所在，有人则满，无人则虚。满时少，虚时多，故曰墟也。……今北名集，从聚也；南名墟，从散也。"北方很多地方读［uei^{35}］，指的是江河防洪的围堤，与此不同。"市"也指临时或定期集中一地进行的贸易活动。《易》载："日中为市，致天下之民，聚天下之货，交易而退，各得其所。"以这三者为地名的有：芦洪市、石期市、白牙市、蔡市、楠市、白芒市、井头圩、金盆圩、祠堂圩、上江圩、太平圩、杨家铺、祥霖铺、夏层铺、桥头铺、梳子铺、狮子铺等。

另外，反映军事设施的如周塘营、大麻营、鸡嘴营、东水营、太平营、所城等，反映农业水利设施的如曾家塘、石板塘、高枧、枧头、桐子坪、沙坪等。

（二）记录人物或者民族、姓氏以及史实和传说

用人名作为地名有各种不同的情况。福建闽侯县祥谦乡是"二七"烈士林祥谦的故乡。朱仙镇相传是战国时期魏信陵君门客朱亥的故乡。朱亥本是一位屠夫，因勇武过人，被信陵君聘为食客，后来在退秦、救赵、存魏的战役中立下了汗马功劳。韩愈曾经在潮州做官，那里就有了韩山、韩江的地名。柳宗元曾经被贬永州，于是永州也有了柳子街等地名。

在长期的宗法社会里，人们按照姓氏居住，许多地名被冠以姓氏，在某种姓氏人口很多的时候又会分成不同的房份，这种地名在永州常见。如蒋家湾、朱郎塘、曾家、杨家、邓家、洪家宅、李家、四房李家、万氏祖山、大房头、蒋家河、张家洞、刘家坝等。

神仙、传说中的人物以及现实社会中的有巨大影响的人物都有可能在地名中留下烙印。古代的郡国、关塞、村镇名也有很多相沿袭用的，如湖北随县是春秋时期的随国，西汉置县沿用至今。郧县是以汉代郧关关名命名的县。安徽的符离集沿用秦的县名，萧县是春秋时的萧国所在地，龙亢是西汉时的县名，界首、利辛、来安是

古代村名的沿用。神仙传说或有影响的人名作为地名的也不鲜见。现代的如黑龙江的尚志县，在永州这类地名更为常见，如何仙观、三姊妹界、彭祖、零陵、莫帝界、仙子脚、将军岭、屈阿山、朱子复、罗敏、骆铭孙、石曾元等。还有一些地名没有反映具体的历史事实，但是反映了历史的变迁，如新院子、新屋、老屋场、新屋圩、军田等。

三、寓托性地名

地名有时候反映人们对地理实体的认识，有时候也反映与地理实体并无多大联系的人们的思想观念。具体说有三种情形。

（一）观念地名

不同的时代有不同的价值取向、不同的观念，这些观念不可避免地反映在地名中。古代帝王喜欢歌功颂德、四海清平，所以在给地方命名时经常采用他们的政治思想或道德观念的词语。表示文治武功的词语如武、文、平、定、安、宁等，有关地名如武威（甘肃）、武功（陕西）、武当（湖北）、平远（广东）、平顺（山西）、平定（山西）、平武（四川）、定南（江西）、定海（浙江）、定远（安徽）、定安（海南）、定西（甘肃）、安定（甘肃）、安西（甘肃）、安顺（贵州）、安远（江西）。表示道德观念的如仁、义、孝、礼等，相关地名如仁和（四川）、仁怀（贵州）、孝义（山西）、孝顺（浙江金华）、孝感（湖北）、礼州（四川）、礼泉（陕西）、礼乐（广东江门）等。永州这一类地名也很常见，如礼仕湾、恩里、大干、传芳塔、正谊圩、尚仁里、佑里、富上、富阳头、同德堂、福善亭等。新中国成立后一段时间出现的地名也有深刻的时代印记，如光明、群力、金星桥、前进、红旗坝、向阳坝、常青、大同、东风、新华、大盛、火箭、文明镇、幸福、友谊、同心等。

（二）意愿地名

这些地名寄托了人们的意愿，大多是祈求幸福、保佑平安。据李如龙先生统计，在福建省67个县市地名中，带有"福、泰、安、宁、和、平、清、明"的占了将近一半，有31个。《中华人民共和国分省地图册》所收地名中，叫"太平"的有54处，叫"兴隆"的有24处，带"安"字的有125处。永州地名中此类地名有东安、宁远、保和、保安、太平、和平、福禄、富里、招旺、文富、长寿、安宁、高兴、福观田、天堂等。这种地名反映了百姓对美好生活的向往。

（三）感情地名

还有些寓托性地名是表现人们的某种感情的，经常用一些人们喜爱的事物名称。金盆、宝塘、祥霖铺等直接表达了对家乡的热爱。有的则是借人们喜爱的事物来表现，如"梅"在中国传统文化中代表了一种孤傲、清逸的品格，所以各地以梅命名的地名也很多，如梅山、梅林、梅川、梅溪、梅陇等，除了对自然资源的描绘外，还有一种感情的寓托。永州地名中这一类的有芙蓉、莲花、花江、香花坝、梅花、梅溪、黄龙山、青龙矶、滴水龙、龙溪、排龙山、龙门口、凤凰、接龙头、白鹤、白鹤山等。龙凤是中国传统文化中吉祥的象征，而梅、鹤、莲花则是高洁的代表。

第二节　地名中的文化内涵

地名是人们在社会生活中赋予地点的名称，是人们在交际中频繁使用的词语。不同的社会群体对其居住及活动的环境所采用的地名，除标明地理位置和反映自然特征外，还包含着这个群体生息繁衍、迁徙历程、生产活动、社会历史、习俗风尚等方面的信息。因此，地名是对在一个地方生活着的人的全面的、综合的反映，通过分析，我们可以看到这些地名所蕴含的某地独特的文化内涵。

一、地名与本地历史文化

地名是不同历史时期的产物，同时又与人的生活息息相关。因此，在给地方命名时，对人们生活影响重大的因素，如政治、经济、文化、生活习俗、宗教信仰等，都不可避免地会反映在地名中。

北京是数朝国都，其政治影响力不能小觑。除了皇宫作为地名之外，还有很多专为皇家服务的机构和政府机关、学校、仓场、兵营也作为地名留传下来。如皇城内的会计司、缎库等，皇城外的太仆寺街、兵马司胡同、府学胡同、海运仓胡同、禄米仓胡同、校场口、营房胡同等。还有一些街巷是根据当初在这里居住过的统治阶层的人物来命名的，如明代定国公徐达住过的定府大街，三保太监郑和住过的三保老爷（今三不老）胡同，李东阳住过的李阁老（今力学）胡同，等等。

辽宁沈阳政治地位虽比不上北京，但地名上依然有皇家气象。清朝皇太极为了加强城市的防御功能，重修沈阳城，不仅将城墙辟为八门，还在方城之外兴建了八座边门。尽管各个边门早已不复存在，但却留下了整齐的地名：大东边门、小东边门、大西边门、小西边门、大南边门、小南边门、大北边门、小北边门。据清代康熙年间的《盛京城阙图》描绘，沈阳方城内曾建有 11 座王府，官衙府邸罗列在纵横交错的胡同之中，其间。至今，仍存有十王府胡同、金王府胡同、肃王府胡同、郑亲王府胡同、庄王府胡同等名称。此外，沈阳老城区还有不少以官署命名的胡同，如宗人府胡同、三陵衙门胡同、老兵部府胡同以及北关的钦差府胡同、东关的都统府胡同等等。

人们日常生活中的衣食住行，都会反映在地名中。生活在北京这样的大都市里，商品交易自然不可或缺，因而以市场和商品命名的街巷占了很大比例。从这些市场的分布情况和经营品种上，我们可以看出几百年前北京市场贸易的一些基本状况。以各类物品命名的街巷应有尽有，如：煤市街、碳儿胡同供生活燃料；米市大街、干面胡同、细米胡同提供主食；猪市大街、牛街、羊肉胡同、鲜鱼口、鸡（吉）市口、菜市口、豆腐池供给副食；以调料命名的有蒜市口、油坊胡同、酱房胡同、糖房胡同；以饮料命名的有烧酒胡同、茶叶胡同；与水果相关的有果子市、果子巷；那年头没冰箱，于是有冰窖胡同；要买居家常用的器皿杂物，可以去瓷器口、缸瓦市、盆儿胡同，棉花胡同，绒线胡同，笤帚胡同，扁担胡同；想买帽子可以去官帽胡同、李纱帽胡同、方巾巷、草帽胡同；盖房要用建材，有砖儿胡同、细瓦厂、大灰厂；要出门，有车辇店、有骡马市；想美化一下生活，可以去花市、胭脂胡同、翠花胡同、珠宝市、香串胡同。还有大量以手工业者姓氏命名的街巷，如砂锅刘（今大沙果）胡同、沈篦子（今篦子）胡同、姚铸锅（今尧治国）胡同、粉房刘家（今粉房琉璃）街、骟马张（今拴马桩）胡同、豆腐陈（今豆腐池）胡同等。这些地名就像是一幅古代的风俗长卷，透过它，我们好像亲眼看到了古代市井风情和坊巷中的芸芸众生。

旧时代也给北京的街巷名称留下了畸形的烙印，西四地区是元代妓女聚居的地方，便留下了西院勾栏（今大院胡同）和粉子胡同这样的地名。明代的官妓集中在东城，本司胡同乃是教坊司所在地，演乐胡同是演练音乐的地方，勾栏胡同（今内务部街）则是官妓聚居和酬客的所在了。

早在明清之际，老沈阳的商贾行市就已十分活跃。清代名士刘世英《陪都纪略》对沈阳的菜行有过一个生动的描绘："小东关外厨役忙，万蔬云集上菜行。虽系繁华尧土飞，清晨鸟语伴花香。"其他行业如设在大北门内的银市，小西门里的估衣市、骡马市、皮行，小东门里的水果市、肉市、菜行，等等。四平街（中街）北、大西门外有木行，大南门有烟袋铺、骡驮轿店，钟楼南有灯市。缪润绂《沈阳百咏》描绘灯市曰："悬灯结彩供三官，钟鼓楼头起壮观。绝似东洋开蜃市，云霞出海散春寒。"小南门外、小东门外有柴草市，鼓楼南有粮行，大西门外还有工夫市，等等。以店铺商号命名的胡同，如永德当、余庆店、澡堂子、染坊、油房、纸房、鹰市口、三盛炮铺、烧锅灶、仁发祥、老妈店等。以商品器物命名的胡同更多，如镰刀胡同、水簸箕胡同、烟袋杆胡同、口袋胡同、铧炉胡同、三盘磨胡同等。因为满族人狩猎时离不开"海东青"（鹰隼），所以，小南门内正阳街上便出现了"鹰市"。鹰市所在的街道，叫鹰市口胡同，后来，鹰市口胡同被分为西鹰市巷和东鹰市巷。

人们的宗教信仰、生活习俗等也会在地名中有所反映。古岭南人尚鬼，宗教、迷信风气盛行，形成具有浓厚色彩的图腾文化，反映在地名上多以鸟、鸡、狗、龙、蛇、鳄鱼等动物图腾命名隐喻着的追求与希冀。古越人崇拜鸟类，"田鸟助耕"传说由来已久，其中鹤是最受崇拜的鸟类之一，故带有"鹤"字的地名在农耕发达的广府地区颇为常见。如广州有鹤边、鹤林、白鹤洞，顺德有冲鹤，中山有古鹤，番禺有鹤洲、鹤庄，斗门有鹤咀，深圳有鹤斗，东莞有鹤田，恩平有鹤坪，阳江有白鹤，等等。

古越人盛行鸡卜，柳宗元《柳州峒氓》诗就有"鹅毛御腊缝山罽，鸡骨占年拜水神"的描述。现今黎、壮族人仍有此遗风，所以鸡崇拜在农耕发达地区也很盛行，以鸡字为起首地名屡见不鲜。如广州有鸡心岭、鸡心岩，从化和花都有鸡枕山，顺德有鸡洲，中山有鸡肠滘，东莞有鸡岭、鸡笼山，深圳有鸡庙，增城有鸡凤，博罗有鸡麻地，新兴有鸡田，郁南有鸡林，云浮有鸡山，等等。

因宗教信仰而形成的建筑，如寺庙、道观、庵堂等，也会被当作地名。在沈阳老街区范围内，以宫、观、寺、庙、庵、堂、坛命名的胡同，可谓不胜枚举。如万寿寺胡同（万寿寺街）、老虎庙胡同（老虎庙巷）、火神庙胡同（火神庙巷）、城隍庙胡同、瑶池宫胡同（瑶池巷）、天后宫胡同（天后宫路）、斗姆宫胡同、白衣庵胡同（白衣庵巷）、风雨坛胡同（风雨坛街）、社稷坛胡同等。

南京号称六朝古都，历史上南京地区的宗教文化资源丰富，有佛教、道教、伊斯兰教和基督教等。这些宗教对当时的政治生活和文化思想方面有着重要的影响。佛教在两汉之际传入我国，六朝时期南京（时称建业、建康）盛行佛教，梁代时达到顶峰。南京的寺院地名，除南朝时期的栖霞寺外，还有唐代南宗第一祖师法融修行地祖堂山、南唐后主李煜忏经礼佛的唱经楼、避暑纳凉的清凉山（山有清凉寺，故名）、明代鸡鸣寺（前身为梁武帝出家之同泰寺）等，这些都是比较著名的宗教地名。佛教地名还有观音阁、承恩寺、五台山等。源于道教的有三茅宫、蒋王庙、北极阁、洞神观等。伊斯兰教的地名有礼拜寺巷等。源于基督教的有天堂街等。有些地名存留下来，并演化引申为今天一些区、镇、门、路的专名，诸如静海寺、天妃宫等。

二、地名与人口迁徙

在社会生活中，人口的迁徙是很常见的现象。小规模的、个体的迁徙一般不会在地名上留下痕迹。当饥荒、灾害或战争等因素导致社会发生剧烈动荡时，往往有大规模的人口迁徙，这种情况一般会在地名上有所反映。

翻开魏晋南北朝的历史地图，我们会发现有些州郡的名字往往南北成对出现，不过出于南部的地名往往冠以"南"字，北部的有时加"北"，有时不加。如兖州——南兖州、豫州——南豫州、北东海郡——南东海郡。为什么会出现这样的格局呢？原来，这些南边的州郡名是北方的移民带来的。

西晋末年，北方少数民族频繁南侵，中原人士为了躲避战乱，相继南渡。到达南方后，往往根据源出地或家族聚居。他们怀念故土，就拿故乡的地名来命名迁入地。例如兰陵郡和东莞郡本来都是在今天的山东省境内，后来因为居民迁徙到今江苏常州一带，于是在该地侨置南兰陵郡和南东莞郡。部分中原人迁入福建，为了怀念家乡，福州被改名为晋安、泉州被改名为晋江（现在的晋江另有所指）。

北方地名被带到了福建，同样，福建的地名也随着人口的迁徙向外扩散。潮汕与福建地理上本为一体，故明人王士性说潮州"而与汀、漳平壤相接，又无山川之限。其俗之繁华既与漳同，而其语言又与漳、泉二郡通"。福建人多地少，唐代以后，进入潮汕的闽人日渐增多，许多福建常用地名传入粤东，成为那里地名文化的重要特色。这些闽南语地名常用厝、埯、阪、墘、社、湳、汕等字。其中厝为典型闽南语，意为房子、家，扩大即为聚落。潮汕地区用它命名的地方很多，如饶平有张厝、李厝、陈厝、林厝、崔厝、施厝等，澄海有刘厝、黎厝、蔡厝、廖厝、灰厝、王厝，海丰、陆丰也有不少以厝为聚落地名的，丰顺则有罗厝、张厝、林厝、洪厝、胡厝等。

北京的许多村名留下了山西移民的痕迹。在大兴县和顺义县的部分地区，有大同营、屯留营、河津营、霍州营、忻州营、绛州营、红铜营（洪洞县）等村。这些地名都是山西的州县名。这是明代洪武到永乐年间山西人向北京移民的反映。

甘肃敦煌县的小地名，多以甘肃各县为名，它反映了清代移民的情况。如三危乡有泾州（今泾川）、两当、会宁、镇原、狄道、灵台等村名，杨家桥乡有礼县、安化（今庆阳）、洮州（今临潭）、兰州、华亭、合水等村名。敦煌县城内的街巷也有以县名为名的，如兰州巷、固原巷、伏羌巷、秦州巷等。

把地名完整地带到一个新的地方是移民导致地名变化的一个方面，同时，由于外地人的迁入，本地人也会根据这些外地人的某些特征而给予一个新的名字，这是移民与地名关系的另一个方面。以家族姓氏给某地命名就属于这种情况，比如孔潜为孔子的第二十二世孙，为后汉时太子少傅，后避于上海的海隅乡（今大盈镇天一村），后遂命名其所居之地为孔宅。至唐末五代时期，高州刺史章仔钧与其妻练夫人屯戎浦城，遂命其居住之地为章练塘（今练塘）。宋元以后，随着外地移民的逐渐增多，特别是北宋南渡与明清鼎革之际，更有大批士族门阀及平民百姓南渡北迁，"此中阀阅，多由南渡"，由此形成的姓氏移民地名亦为数不少。其中著名的有南宋时期的瞿家湾、瞿家路、瞿家园等，因河南开封人瞿榆维定居此地，子孙繁衍，由此定名；闸北区大宁街道的杨湖宅，是杨家将的后代由河北避难迁此所得名；孟家堰，是因孟子五十四世孙孟观在其祖父南渡后又续迁至金山枫泾而得名；普陀区石泉新村街道的侯家宅，也是为宋朝进士、官至枢密院副使的山西河东人侯细，随高宗南渡后因遭秦桧诬陷而隐居于此得名。

有一些呈系列分布的地名也是移民的反映。如甘肃的民勤县湖区红柳园以北各乡村名，依次取用《千字文》中的字作为村名的首字（贬义字不用），有天成、地平、元和、黄岑四个村名。与民勤县类似，在吉林省的乾安县，也有这一类地名存在，比如正天字井、前地字井、后宙字井、西金字井、大滨字井等，全县几乎没有一个村名在《千字文》之外。

与此异曲同工的还有一些命名方式。比如安西县以"工"为名的乡村，这些村分布在安西县城的西部，大约每隔两千米是一工，由"头工"一直到"十工"。据《安西县新志》记载，清雍正年间，吐鲁番回民八千多口人在安西县筑城安置，四里见方筑一工堡，依次取名为头工、二工、三工至十工。同治年间回民返回原籍，工堡就废弃了，后来汉人来到此地，这些地名就被沿用至今。

吉林省四平市境内经常以"家子""屋"作为一个系列来给地方命名。前者如孤家子、两家子、三家子、四家子，一直到二十家子。有时候为了区别，前面可以再加"前、后、大、小"等，如大五家子，小八家子。

三、地名的变化

地名是地理实体或区域的一种语言代号。代号一旦形成以后，由于地名的指称功能的制约，一般不会发生太大的变化，具有一定的稳定性。但任何事物都不是绝对的，这种稳定性只是一种相对的稳定。因为地名本身是人赋予某地的名称，不可避免地带有人的主观性，当人的观念发生变化时，地名就有可能会发生变化。一般来说，语言本身的变化、人的观念的变化、社会环境的变化等因素都可能导致地名发生改变。

　　语言会发生变化，当语言的变化与地名的稳定性矛盾的时候，地名也会发生一定的变化。在北京、天津、河北、山东等地，我们经常看到张各庄、李各庄、赵各庄、刘各庄、许各庄之类的地名。为什么是张"各"庄呢？原来这个"各"其实是"家"。"家"是古代见母字，声母为"k"，由于语音的发展，到现代已经腭化成"tɕ"了，但由于地名发展速度较慢，依然保持古代的读音。人们思想意识中"家"已经读成［tɕia］了，但口语地名读音与此不同，所以就找一个读音相近的字来代替原来的"家"。这种情况比较常见，如湖南江永县有个村叫"浦美"，为什么叫这个名字呢？原来这个村处于浦河的下游，原来叫"浦尾"。"尾"是微母字，微母来源于古明母"m"，也就是说"尾"古代读音跟"美"比较接近。由于语音的变化，"尾"字的读音已经不读成"m"声母了，但在地名中还是保留古代的读法，两者不一致，所以就找了一个与地名这个古老读法相近的字"美"来代替了。现在人反而搞不清这个名字的真正来源了。西安有个地方叫三府湾，在以前的地方志中是写成"三树湾"，为什么现在成了三府湾呢？原来，当地方言"ʂ"在合口呼前面读成"f"声母，所以"水""匪"读音相同，"树"和"府"读音也接近。人们总想把自己住的地方说成级别高雅的住处，于是"树"字就演变成"府"了。雁塔区和未央区都有二府庄，原来名为二树庄。长安、户县都有四府村，其地均生长柿树，可能系长安方音柿树村转变而来。而沣峪内的东富沟，以前叫东树沟。

　　避讳是导致地名改变的重要原因之一。需要避讳的东西很多，在封建社会，皇帝的名号是不能随便说的，如果地名中的字和尊长者名字相同或相近，就需要改正。比如汉文帝叫刘恒，为了避讳，"恒山县"就改成了"常山县"；三国时期吴景帝叫孙休，于是"休阳"便改为"海阳"；晋愍帝名叫司马业，于是"建业"便被改为"建康"；隋炀帝叫杨广，因为讳"广"，便把"广武县"改为"雁门县"；唐高祖叫李渊，唐人就将"紫渊宫"改成了"紫泉宫"；唐高祖父亲叫李虎，唐人就将"虎牢关"改名为"武牢关"，"虎丘山"改成"武丘山"；唐德宗叫李括，于是"括州"改成"处州"，"括苍"改为"丽水"。

　　如果人们在思想观念中认为某些事情不好，就会尽量避免提及。地名如果能引起不好的联想，也会被改变。如我们前面讲的长沙忌"虎",于是"府正街"改成"猫正街"。再如北京东城的"吉祥胡同",最早叫"喜来胡同",清代乾隆年间宫内太监曾在此居住,因太监不能结婚,忌讳"大喜"字眼,故改称"吉祥胡同"。海淀区的"丰户营",最早叫"坟护营",村中居住的人原为看护明代金山陵的,后来改种庄稼,因为人们忌讳"坟"字,便取其谐音叫成了"丰户营"。颐和园东北面的"大有庄"是在明代形成的村落,原名"穷八家",清代乾隆皇帝私访到此,恶其"穷"字,认为御园墙外紧邻"穷八家",实为不雅,便给改成"大有庄",意为福禄荣华样样都有。西城区的"福绥境",最早叫"苦水井",后来人们觉得此名不雅,就将苦水井谐音雅化为"福绥境",取"福禄绥元"之意。东城区的"寿比胡同",清代称"臭皮胡同",极为不雅,民国时期取其谐音,改称"寿比胡同",取"福如东海,寿比南山"之意。东城东部的"吉兆胡同",原名"鸡爪胡同""鸡罩胡同",也很不雅,被改为"吉兆胡同",意为吉祥兆丰年。

第三节　地名中的语言史

地名的特殊用途,使其变化速度要比其他口语的变化速度慢。因此,地名中往往可以保留比较古老的读音形式和古义。

有些字用在其他语词时参加了古今的音变,用在地名上则保留古音。例如广东的"番禺","番"读音同"潘",但广州话里"番薯"、"番瓜"(南瓜)、"番鬼佬"(洋鬼子)中,"番"变读为[fan]。番,《广韵》孚衰切,属非母,上古音同滂母,"番禺"里的"番"读"pʰ"声母,正是"古无轻唇"的残留。山东的费县,"费"读为[pi],跟"避"同音,但是在"费用"中读为[fei]。"费",《广韵》兵媚切,帮母脂韵,三等字。声母是[p],后来从帮母中分化出来非母,就读成了[fei]。这也是古无轻唇音的例证。东莞的"莞"读为[kuan],与"管"同音,《广韵》古丸切,见母桓韵,声母是[k]。可见现在的地名读音依然保持了古音。江西铅山的"铅"读为[ian],与"沿"同音,《广韵》与专切,以母仙韵。虽然在"铅笔"中已经读为[tɕʰian],但在地名中依然保留古音。

　　保留字的本义的例子也不少。比如在福建北部山区有很多带有
"厂"字的地名，外地人一看可能会觉得比较奇怪：山里为什么有
那么多工厂呢？其实，那是远离村舍的山路旁的棚子，有屋盖却没
有墙壁，供山间行人避雨歇息之用。农忙季节山民进山耕作，也可
以用来堆放农具或肥料。武夷山市范围内带"厂"字的地名有数十
处，有些表示山间棚子，也有从棚子发展而成的村落名。如洋庄乡
有田厂、曹厂、对门厂、西山厂、东山厂、碗厂，岚谷乡有桥头
厂、下坑厂、牛头厂、溪尾厂等。这里的"厂"用的是厂字的本
义。《广韵》解释为"露舍"，《集韵》解释为"屋无壁也"。唐代
诗人韩偓《南安寓止》诗有两句："此地三年偶寄家，枳篱茅厂共
桑麻。""茅厂"就是茅草棚子。明代的特务机关叫东厂、西厂，所
谓的东厂，其实是皇宫东边的马棚，西厂就是西边的马棚，因为他
们经常在那里商议事情，所以叫了这个名字。今天北方各省还有一
些叫马厂的地名，马厂就是马棚。"圳"字因为深圳而名声大噪，
其实"圳"在东南各省是一个常用的地名用字——圳头、浮圳、圳
上、圳前等，意思是田间的沟渠。闽南话口语中至今还说"开圳"
"圳沟""圳水""大圳""圳仔""圳头""圳尾"等。其实，"圳"
原本写为"甽"，《集韵》朱闰切，"甽，沟也"，音义俱合。

　　在地名中还可以看出一些古代汉语的语法特点。现代汉语的语
法特点之一是修饰词放在中心词的前面，但上古汉语中却有修饰语
置于中心语后面的情况，这在一些地名中有反映。地名由专名和通
名两部分构成，专名是修饰成分，通名是中心语成分。现代地名是
"专名＋通名"格式，如广州、郴州、永州，"州"是通名，"广、
郴、永"是专名。但古代却有"通名＋专名"的格式，最常见的是
以"城""都"作为通名冠首，如"城父"（春秋郑国）、"城阳"
（战国鲁国）、"城棣"（春秋卫国）、"城颍"（春秋郑国）、"城濮"
（春秋卫国）、"都关"（秦朝东郡）、"都阳"（西汉徐州）、"都昌"
（西汉青州）、"都梁"（西汉并州）、"都野"（东汉凉州）等。

　　在一些汉族与少数民族交界地区或民族杂居地区，地名往往会
留下民族语言之间交流的痕迹。有些地方虽然已经不再通行少数民
族语言，但地名却依然使用这些语言的形式。

　　东北地区保留的满语地名比较多。如吉林元属辽阳行中书省，
明为女真地，康熙时在松花江沿岸建吉林乌拉城（今吉林市）。在

满语中，"吉林"意即"沿"，"乌拉"是"大川"的意思，"吉林乌拉"意为"松花江沿岸"，简称吉林。吉林省的四平，一般人以为是根据其地形所起的名字，因为四平周边地势开阔，没有山峦。但实际上，"四平"乃是一句满语，汉译为柔而细的河流。也就是说，四平其实是根据一条河起的名字。通化有个地方叫梅河口。"梅河"是满语，汉译为大蛇，在清代地图《满汉合璧清内府一统舆地秘图》和《乾隆内府舆图》中都有标注，在《盛京、吉林、黑龙江等处标注战绩舆图》中写为大蛇河。"大蛇河"满语是"阿木巴梅赫毕拉"，"毕拉"为河，随着时间流逝，名字在口语中发生变化、缩减，在《东丰县志》《海龙县志》中减去"阿木巴"，只剩下"梅赫毕拉"，即梅赫河，后又减去"赫"字，成为梅河。因为此地处于梅河注入柳河河口附近，所以得名梅河口。看过《林海雪原》的人都知道威虎山，但实际上，威虎山完全不像小说描绘得那样山势峥嵘。威虎山在敦化不叫威虎山，而叫威虎岭，这里有老虎的痕迹，但它的来源绝不取材于老虎。"威虎"是满语，是"小船"的意思。在岭上有一个能行小船的河，因此叫威虎岭。

黑龙江地处北方，气候寒冷，地域荒僻。除汉族以外，满族和蒙古族是在此活动的主要少数民族，因此，黑龙江地名中有不少是满语和蒙古语地名。但由于各民族的长时间交融，这些地名呈现出不同的状态，有的地名是满语或蒙古语的音译，有的是意译，还有一些是满语或蒙古语与汉语的结合。纯音译的地名保留了早期游牧、渔猎经济和半农业生产经济的遗迹，此类地名多存在于历史上满族、蒙古族聚居区或与汉族交往较少的偏远地区。如巴彦，满语本为"巴彦苏苏"，意为"富裕之乡"；赛音，满语"美好"之意；图们，满语为"万"，派生出"图们江"，即"万源之江"；宝清，满语原为"波亲"，意为"蒲鸭"；虎林，满语原为"奇夫哩"，汉译"泥鸭"。

在广东、广西等地，有很多包含"那"字、"都"字、"古（果、高、歌、姑、过）"字、"六（渌、绿、录、陆）"字、"罗"字、"云"字、"兰（栏、榄）"字、"摩"字、"麻"字、"敏（汶、满、闷）"字、"播"字、"博（百、剥、北）"字、"巴（岜）"字、"叫"字、"句"字的地名。这些地名是古代生活在这里的壮族同胞留下的痕迹。李锦芳在研究了相关文献后，认为以下一些是古百越语地名中常用的通名：①句、苟、姑、九、交、高、揭、会，为古百越语村名或人名前的冠首词头，意思是"此处"；②镡、炭、中、钟，古百越语意思是"水塘"；③番、鄱、贲，古百越语意思是"村寨"；④同、栋、桐、峒，是古百越语"田峒、田坝、平地"的音译；⑤澜、兰、南、临、含、咸，是古百越语"水、江河"的音译；⑥博、北、薄，是古百越语"山口、水口"的音译；⑦猛、冯、封，源于古百越语"地方"的音译；⑧零、领、泠，为古百越语表"地方、处所"一词的对译；⑨来、莱，为古百越语"野地、旱地"的音译；⑩龙、弄，与古百越语"山谷、山弄"对应；⑪朱、诸、都、余，同为古百越语"官"的音译，是因人得名；⑫无、芜、毋、夫（扶）、不、比、布、武，这些字的上古音与壮侗语称人的量词相近，也与"首领"音近。

　　福建的地名"武夷"也是古越语的遗存。"武"上古音为［ma］或者［mba］，跟侗台语"石山、岩石"对应。"夷"的意思是"海"：《越绝书·吴内传》"习之于夷。夷，海也"，证明越人称海为"夷"。西汉或更早时期，"夷"的读音应为［li］，在东汉通语中变成［ji］。"海"，侗台语的泰文读为［daʔlee］，可能与"夷"有联系。东部沿海民族古称"夷"，东汉三国至南朝期间，台湾被称为"夷洲"，这些"夷"可能与"海"义有关。因此，"武夷"对应古越语的意思为"海山"（古越语语序是"山海"），即"水中的山"。同样的还有一个地名叫"夫椒"。《左传·哀公元年》载："吴王夫差败越于夫椒。"杜预注"夫椒"为太湖中的椒山。"夫"对应于原始侗台语［pʰl（r）a］，意思是"岩石、石山"，现在的泰语、老挝语为［pʰa］，龙州话为［pʰja］，武鸣壮语、拉珈语为［pla］，布依语、毛南语、莫语为［pja］。按照侗台语的语序，"山椒"就是"椒山"。现在广西地名中用"巴、岜"起头的比较多，这两个字也是"石山"的音译，汉语"夫椒"之"夫"轻唇化后，声母从"p"变成了"f"，侗台语的［pʰl（r）a］也就不能再用"夫"来对译，只能转用"巴、岜"了。

　　上述例子是少数民族语言的语音成分在地名中的残留，其实语法规则也不可避免地会留下印记。如南方少数民族语言中表示动物性别的词是后置的，表示雄性的经常说成"~公""~牯"，表示雌性的经常说成"~母""~婆""~妈（嫲）"等。如河南信阳有

"鸡公山"。广东这类例子更多，如"狗牯坑""牛公寨""鹅公塘""牛牯岭""鸡母墩""鸭妈窝""鸭妈砌""鸡婆石""鸡姆山"等。这类地名早在明代就已经产生，如《读史方舆纪要》就记载有"狗母营"（广东乐会）和"狗母洞"（贵州新添）两个地名。

不同语言在地名中叠置的情况不仅仅发生在中国。在其他国家，如果某地曾经居住过一个民族，但这个民族的居住地被外来民族所侵占，虽然原住民会迁徙甚至消失，但他们的语言同样会在地名上留下痕迹。美国的地名就是一个显著的例子。我们知道，在公元 15 世纪哥伦布发现美洲大陆前，那里居住着许多土著印第安部落，所以印第安地名在美国地名中占了很大一部分。美国 50 个州名中有 27 个是古老的印第安语地名。如：

Tennessee（田纳西州）：the vines of big bend（大河弯道上的藤蔓）

Oklahoma（俄克拉荷马州）：the red people（红种人）

Illinois（伊利诺伊州）：the tribe of perfect men（完人部落）

Iowa（爱荷华州）：the sleeping ones（睡着的人）

Kansas（堪萨斯州）：the breeze near the ground（地面微风）

Kentucky（肯塔基州）：the dark and bloody ground（黑暗血腥之地）

Texas（德克萨斯州）：friend（朋友）

Massachusettes（马萨诸塞州）：at the big hill（大山脚下）

Ohio（俄亥俄州）：fine large river（美丽的大河）

Missouri（密苏里州）：the people of big canoes（大独木舟上的人）

另据统计，美国有 1 000 多条河流、285 个湖泊名源自印第安语，其中密西西比河是印第安语"big river"之意，安大略湖"Ontario"是印第安语"fine water"（好水）之意，密执安湖"Michigan"是印第安语"great water"（大水）之意。

另外有一些地名也源自印第安语，富有印第安语言形象生动、联系自然、野性浪漫的特色。如"Chicago"（芝加哥）源自"Piankashaw"印第安语"Chi-kak-quwa"，意思是 place of skunk smells

（臭鼬出没的地方）；"Manhattan"（曼哈顿）在印第安语中意思是"place where we all got drunk"（我们都喝醉的地方）；"Miami"（迈阿密）源自"Chippewa"印第安语"omaumeg"，意思是"peninsula people"（半岛居民）。

可见，地名中不仅蕴含了大量的政治、文化、经济方面的信息，而且还有很重要的语言学价值。通过对地名的语言学研究，可以为其他方面如历史移民、民族变迁、文化传播路径等方面的研究提供更加有力的证据。

本章主要参考文献及推荐阅读书目：

［1］孙本祥，刘平．中国地名趣谈［M］．北京：中国城市出版社，1995.

［2］游汝杰．中国文化语言学引论［M］．北京：高等教育出版社，1993.

［3］李如龙．汉语地名学论稿［M］．上海：上海教育出版社，1998.

第六章 "腐乳"还是"猫乳"

——避讳中的语言学

长沙人把"腐乳"叫作"猫乳",为什么呢?这与避讳有关。很多地方忌讳说"虎",遇到"虎"时改用"猫"代替。长沙话中"xu-"和"f"混淆,所以"腐"和"虎"就变成了同音字,"腐乳"听起来跟"虎乳"是一样的发音。为了避开这个被冤枉的"虎",就改称"猫乳"了。甚至把"府正街"也改成了"猫正街",一个威风八面的名字改得如此之小气,都是避讳惹的祸!

第一节 为什么要避讳

人们都有趋吉避凶的心理。对于不愿说或者不能说的话,人们总是想方设法绕过去,实在绕不过去,就换一个说法,我们把这种语言运用的行为称为避讳。避讳不仅影响到人们的生活,也会影响语言的变化。因此,避讳不仅关乎民俗学、历史学,还与语言学直接相关。

陆游《老学庵笔记》卷五记载了这样一个故事:有一个叫田登的州官,很忌讳别人叫他的名字,也不准别人写他的名字。如果有人违反了,他会很生气,他的下属很多都因为这个挨了打。于是全州的人都把"灯"改成了"火"。到了正月十五照例要放灯三天,可写布告的小吏不敢写"灯"字,于是写为"本州依例放火三日"。由此便有了现在的成语"只许州官放火,不准百姓点灯"。

那么,人们为什么要避讳呢?

在原始社会,人的生存对自然界的依赖很大。人们还无法将自己从自然界中分化出来,他们把所有的自然现象看成是与自己相类似的活生生的生物,将自然现象的变化看成是自觉的行为活动。万物有灵是原始人很重要的观念，他们认为语言也是有灵的，这个"灵物"可以作为武器来惩罚敌人；反过来，这个武器如果使用不当，也会给自己带来灾难。这种观念在原始社会应当是很普遍的。亚里斯在《原始人的宗教》一书中有这样的描写：没有一个原始人给自己以死者的名字，名字也被埋葬了，他不能被人呼唤，不然，死者的"生命力"就会跑来惩罚过错者。如果死者的名字同时是指一个物品或一只动物，那么就需改变这物品或动物的名字。如传道师陀勃里曹佛说，当他在巴拉圭亚皮蓬族中居留七年的时期中，人们把豹的名字换了三次。但是当人们有事情需要向死者的灵魂求助或询问时，就必须要喊他的名字。那么，呼出他的名字前必然完成若干仪式，以息他的愤怒。这反映出原始人语言灵物崇拜。

我国语言灵物崇拜的现象也很普遍。战国后期秦楚争霸激烈，秦王祈求天神保佑秦国获胜，对楚国加以诅咒和谴责，因作《诅楚文》。《诅楚文》刻在石块上，北宋时发现三块，所祈神名分别命名为"巫咸""大沈厥湫""亚驼"。《西游记》中，孙悟空不听话的时候唐僧就念"紧箍咒"，于是孙悟空就头痛欲裂，这也是一种语言崇拜。有时候我们会看到墙上或树上贴一张红纸，上面写着："天皇皇，地皇皇，我家有个夜哭郎，行路君子念一遍，一觉睡到大天亮。"据说这个可以治疗小儿夜哭。陕西农村有一种治鼠害的特殊方法，既不是用鼠笼子抓，也不是用耗子药，而是通过唱或念《摇鼠歌》，歌词是：

> 七粒粒，哗啦啦，老鼠养的瞎娃娃。十个出来九个瞎，剩下一个叫猫拉，猫不拉，双眼瞎。东堡子，西堡子，老鼠养的没肚子。东房子，西房子，老鼠养娃没肠子。东陵坎，西陵坎，老鼠养娃没屁眼。十个出来九个瞎，剩下一个叫猫拉，猫不拉，双眼瞎。

这些都是我国语言崇拜观念的生动反映。

人们对死亡的恐惧和避讳由来已久。原始人认为，死者的所有一切，包括他的名字都属于禁忌。生者如果占据死者的遗产，就会激起他的灵魂的报复。原始人惧怕灵魂的例子有很多，如昆士兰（Queensland）的土人每年在他们茅舍周围鞭挞空气一次，借以驱逐死者的精灵；北美的红肤人在他们居住的房前张布线网，不使漂游的灵魂走进他们的房子；叔斯瓦族（Shuswass）的鳏夫与寡妇必须过一段时间的躲避生活，而且要在他们的睡床上绕多刺的荆棘；至于在北美的印第安人中，寡妇则需穿着草编的厚裤，借以免除已死丈夫灵魂的性骚扰。从文献资料来看，我国关于死亡的避讳语春秋时期已很普遍。假如说《礼记·曲礼》之"天子曰崩，诸侯曰薨，大夫曰卒，士曰不禄，庶人曰死"是奴隶等级制度之产物的话，那么《国语·晋语》"管仲殁矣，多谗在侧"的"殁"，《左传·定公八年》的"（颜高）偃，且射子狙，中颊，殪"的"殪"，《荀子·君道》"人主不能不有游观安燕之时，则不能不有疾病物故之变焉"的"物故"等词语则只能说是避讳使然了。从春秋时期此类避语数量之多、使用之广的情况来推测，在春秋以前相当长的一段历史时期，这类避讳语就已经产生了。

由恐惧过渡到尊敬，是人们心理变化的模式之一，所以"讳尊"应是"讳凶"的直接延伸。语言拜物教的观念使原始人不敢随便呼喊死者的名字，这死者不管是首领还是一般成员。尽管这种避讳是出于对灵魂的惧怕，其主要意义还是"讳凶"，但是，它同时孕育了"讳尊"的胚芽。一旦避讳包含了尊敬的意思，那么部落的酋长、邦国的国王也就用强制的办法让自己的名字成为全体成员一致遵守的避讳。例如，在马来半岛有一种文字的禁忌，对于国王（无论已死的或活着的）的名字，应加以忌讳。在马达加斯加亦然，不但酋长之名不许称呼，连同一拼音的字亦在禁讳之列。如鳄鱼的名称"mamba"不许称呼，因为有一位酋长的名字叫"Andiramam-ba"。说到国王时，必用许多别的话来替代。

我国春秋时期这类避讳就已经十分普遍，而且成了一种固定的礼数。如《礼记》中有："礼不讳嫌名，二名不偏讳。逮事父母，则讳王父母；不逮事父母，则不讳王父母。"东晋大将桓玄，初任太子洗马的时候，有一次设宴款待宾客。其中有一个叫王忱的客人因为吃了药，不能喝冷酒，于是"不能冷饮，频语左右，令温酒来"。桓玄听了，"流涕呜咽"。原来，桓玄的父亲名"温"，这个客人说的"温酒"触犯了他的家讳。

当社会文明发展到一定阶段以后，人们认识到有些话说出来显得太粗俗，或者显得不礼貌，在这个心理的驱使下，于是就有了避粗俗的想法和行为。在中国古代，该类词语很多。大小便是人们必须要解决的问题，但因涉及生理问题故而难以言说，于是就有了一些避讳的说法：

> 权起更衣，肃追于宇下。（《资治通鉴·赤壁之战》）
> 即阳为病狂，卧便利。（《汉书·玄成传》）

"更衣""便利"是大小便的委婉说法，因为大小便是人的羞耻之事，不便明说，用"更衣""便利"来代替大小便，既保护了别人的面子，又使自己显得有教养，毫无粗俗之气。这是避讳的另一个原因。

第二节　避讳的内容

从避讳所涉及的内容来看，大概可以分为避凶、讳尊和避粗俗三类。

一、避　凶

趋吉避凶是人们共有的心理，因而凡是人们认为能给自己带来凶祸的，不管是人、物，还是某种现象，都要避讳。如，死亡属于大凶，人们一般不愿提及。当万不得已必须言及时，也须使用其他词语取而代之，以使语言平和动听，从而满足感情上的需要。如：

> 生孩六月，慈父见背。（李密《陈情表》）
> 孝昭皇帝早弃天下，亡嗣。（《汉书·霍光传》）
> 一旦山陵崩，长安君何以自托于赵？（《战国策·赵策》）
> 君即百岁后，谁可代君？（《汉书·萧何传》）
> 先帝创业未半，而中道崩殂。（诸葛亮《出师表》）

其中的"见背""弃天下""山陵崩""百岁后""崩殂"都是为避开"死"字而使用的委婉语。为避"死"字而使用的委婉语还有很多，如"没于地""弃堂帐""徂落""崩""捐馆""启手足"

"升遐""迁神""隐化"，另外还有"宫车晏驾""捐馆舍""填沟壑""仙去""仙逝""归道山""圆寂""坐化""万岁之后""千秋之后""厌代""厌世""宾天""上宾""归天""弃养""物故""不起"等。关于"死亡"的避讳语，现在民间依然使用的还有"老了""不在了"等。

不但人的死亡要避讳，就是与人息息相关的生物之死也要避讳。比如蚕农对蚕的避讳，浙江杭嘉湖蚕乡人们把"爬"说成"行"，是因为他们的方言"爬"与"扒"同音，"扒蚕"就是把蚕倒掉，而只有蚕死以后才会被倒掉；把"笋"说成"萝卜"，因为"笋"与"伸"同音，蚕只有死了之后才会伸直。山东方言把"蚕屎"说成"蚕沙"，是因为"屎"与"死"音近（平翘舌不分，则音同）。

生病也是人们不愿意看到的现象，因此人们对"生病"也很忌讳，而改用其他词语代替。古代关于生病的词语很多，不同的人生病有不同的说法。天子、太后生病用"不豫"。如：

> 武王有疾，不豫，群臣惧，太公召公乃缪卜。（《史记》）

据汉班固《白虎通·杂录》："天子病曰不豫，言不复豫政也。"也就是说，天子因为有病，不能参与政事了。"豫"有安适的意思，所以有时候用"违豫"来讳饰有病。如：

> 绍兴间医官王继先，以显仁太后初御慈宁宫，春秋高，每违豫，服其药随愈。赖是优游东朝，享康宁之福，几二十稔。（《中国医籍考》）

诸侯病则用"负子"，如：

> 史策祝曰："唯尔元孙王发，勤劳阻疾。若尔三王是有负子之责于天，以旦代王发之身。"（《史记》）

"负子"意为背弃子民，《白虎通·杂录》中说："诸侯曰负子，诸侯子民也，言忧民不复子之也。"也有用"负兹"的，徐彦解释说："诸侯称负兹,谓负事繁多,故致疾。"一说"兹"有蓐席之义,"负兹"即"负蓐",有伏枕卧床之义,用以委婉表示患病。

古代的士患病说法和天子诸侯是不同的。他们说"负薪之忧""采薪之忧""采薪之疾"等。如:

> 君使士射,不能,则辞以疾,言曰:"某有负薪之忧。"
> (《礼记·曲礼上》)

也就是用自己不能砍柴等话语来讳言生病了。《孟子·公孙丑下》也说:"昔者有王命,有采薪之忧,不能造朝。"

对于病得严重,古人有"不起""大渐""伯牛疾""伯牛灾"等说法,但在程度上有不同。"不起"表示不能起床,用作讳饰患重病。"渐"有"加剧"的意思,"大渐"就表示病危了。而"伯牛疾""伯牛灾"是说得了不治之症,它源于《论语》:

> 伯牛有疾,子问之。自牖执其手,曰:"亡之,命矣夫!斯人也而有斯疾也!斯人也而有斯疾也!"

伯牛是孔子的弟子,姓冉名耕,因为身患不治的恶疾,孔子拉着他的手深感惋惜。

生病了要吃药,因此"药"在一些方言里也避讳。比如在吴语及江淮官话的一些地方,忌讳说"药",常将"吃中药"改说成"吃茶"。上海话中"鹅"与"我"同音,所以"杀鹅"听起来像"杀我",为了避讳,把"鹅"改称为"白乌龟"。

其他可能不吉利的词语也会避讳。北京旧时口语忌用"蛋",所以"鸡蛋"叫"鸡子儿","炒鸡蛋"叫"炒黄花","皮蛋"叫"松花","鸡蛋汤"叫"木樨汤"。"蛋"只有在贬义词里才用,比如"混蛋""坏蛋""滚蛋""王八蛋"等。

做生意的人希望赚钱而不用赔本,因此在一些方言里"猪舌头"改用他名,因为"舌"与"折本"的"折"同音。如梅县叫"猪利钱",广州叫"猪利",南昌叫"招财",温州叫"猪口赚"。大概广东的生意人希望财源像水一样滚滚而来,喜欢"水"而忌说"干",所以广州、阳江等地因为猪肝的"肝"与"干"同音,所以改用其反义词"湿""润"，于是猪肝就被称为"猪润""猪湿"。

二、讳　尊

　　封建社会等级森严，长期尊卑有别的等级观念使得下辈对上辈、臣下对君主说话都要有所顾忌，要避免刺激对方，得罪君长，以免遭灾惹祸，所以说话时就要委婉、曲折地把意思表达出来。其中君王的名字是万万不能说的，必须改用其他的方式表示。如在汉代刘秀时期，秀才被改成茂才。有时甚至还要避讳皇后之名，如吕后名雉，臣子们遇到"雉"要改称野鸡。唐代开国皇帝叫李渊，所以逢"渊"必改，或改为泉、或改为深、或改为海；唐太宗讳"世民"，凡言"世"皆为"代"，"民"则改为"人"；唐高宗讳"治"，将"治"改为"理"，所以柳宗元有"天子以生人付公理"之语。《水浒传》中的武大郎到底卖的是什么？现代的影视剧中大多认为卖的是炊饼，有人考证后发现，卖的是蒸饼，也就是今天的发面做的馒头。炊饼之名，宋代独有，宋代的小说中很常见，如《水浒传》《三遂平妖传》等。宋代吴处厚《青箱杂记》记载了此食物得名的由来：

> 　　仁宗庙讳贞（应该是祯），语讹近蒸，内庭上下皆呼蒸饼为炊饼。

　　也就是说，因为宋仁宗名叫赵祯，而"祯"与"蒸"音近，当时的人为了避讳，就把蒸饼改称为炊饼了。宋代高承《事物纪原》载："秦汉逮今世所食，初有饼、胡饼、蒸饼、汤饼之四品。"蒸饼，相当于现在的馒头。其名最早见于《晋书·何曾传》："蒸饼上不坼十字不食。"意思是蒸饼上不蒸出十字形裂纹就不吃。这种所谓的蒸饼，就是现在的发面做的馒头。到了明清以后，人们就直呼蒸饼了，但炊饼之名还在使用。如《聊斋志异》：

> 　　楼色才分，妇即入室，以炊饼纳生。（《巧娘》）
> 　　遂命主人割豚胁，堆以蒸饼。（《雷曹》）
> 　　又于绣袿中出数蒸饼置床头。（《花姑子》）

乾隆曾下诏门联中不许有"五福临门"四字，为的是避讳顺治帝福临之名。

除了皇帝的名号需要避讳以外，古代圣贤的名号也需要避讳。这种避讳主要避至圣先师孔子和亚圣孟子的名讳，有的朝代也避中华民族的始祖黄帝之名，有的还避周公之名，甚至还有避老子之名的。比如孔夫子，名丘，北宋朝廷下命令，凡是读书读到"丘"字的时候，都应读成"某"字，同时得用红笔在"丘"字上圈一个圈。到了清朝，情况更加严重：凡是天下姓丘的，都要加上偏旁，改姓"邱"，于是，天下姓丘的，从此改姓邱了。到了今天，有姓丘的，又有姓邱的，其实原本是一个姓。清人郑廉《豫变纪略》中讲了一个故事：明末秀才陈天清为农民起义军所俘，义军部帅中有个叫琉璃滑的人，颇有文化，他令陈天清读陶渊明《归去来兮辞》。当陈天清读到"晨光熹微"一句时，琉璃滑立刻喝止道："看来你不是个真秀才！应该读作'晨光某微'才对。"陈愕然良久，才明白琉璃滑的意思是要避大儒朱熹的讳。

父母、祖父母的名号也是不能说的，这种避讳叫家讳或私讳。与别人交往时应避免叫对方长辈的名号，否则极为失礼。司马迁的父亲叫司马谈，所以《史记》里，把跟他父亲名字相同的人，一律改了名。例如"张孟谈"改为"张孟同"，"赵谈"改为"赵同"。《后汉书》的作者范晔也是如此，因为范晔的父亲叫范泰，所以在书里的郭泰，改称"郭太"；叫郑泰的，也变为"郑太"了。唐代诗人李贺之父名晋，"晋"与"进"同音，故李贺一生不能举进士。又如唐朝的诗人杜甫，父亲的名字叫杜闲，为了避"闲"字的讳，杜甫写了一辈子的诗，却没在诗中用过"闲"字；杜甫母名海棠，杜集中无海棠诗。苏轼祖父名序，即讳"序"字，所以苏洵不写"序"字，碰到写"序"的地方，改成"引"字；苏轼也跟着不用序字，他以"叙"字来代替。《红楼梦》中林黛玉之母叫贾敏，故林黛玉凡是遇到"敏"字都读成"米"或"密"。

除了尊长的名号不能说以外，涉及尊长的事情，如果有冒犯之处，也一定要避讳。古代典籍中这样的例子也很多。比如：

上初即位，富于春秋。（《史记》）
二圣北狩之痛，汉唐之所未有也。（《上孝宗皇帝第一书》）

> 行年四岁，舅夺母志。(《陈情表》)

皇帝虽然年幼，但如果直说年幼，就会让人觉得阅历浅，不更事，浅薄无知，所以用"富于春秋"来代替。"北狩"本指到北方打猎，这里代指徽、钦二帝被金兵俘虏囚禁于北方之事，此是宋朝的耻辱，不便明言，所以用"二圣北狩之痛"来代替。在封建社会里，妇女改嫁被看做是失贞失节的不体面的事，李密为了替母亲掩饰，免犯母讳，用"舅夺母志"来替母亲改嫁遮掩，把母亲改嫁说成是在舅舅的逼迫下不得已的行为。

古籍中有关讳尊的例子还有很多，而且避讳的方式也很奇特，甚至到了匪夷所思的地步。比如唐朝有一位尚书名叫韦有翼，其先人名"乐"。《经史避名汇考》说："韦有翼尚书有重名，平生不饮酒，不务欢笑，为家讳'乐'也。"宋代亦有相似的讳例。《宋史》载：

> (徐积) 三岁父死，以父名"石"，终身不用石器，行遇石则避而不践。或问之，积曰："吾遇之则休然伤吾心，思吾亲，故不忍加足其上尔。"

宋朝有御史中丞名叫刘温史，其父叫刘岳，避正讳"岳"及嫌名"乐"。《青箱杂记》卷二云：

> 刘温史父名岳，终身不听乐，不游嵩、华，每赴宴闻钧奏，回则号泣多时，曰："若非君命，则不至于是。"

三、避粗俗

人类社会发展到比较文明的阶段后，就开始讲究礼仪。中国文人历来注重保持自己的斯文形象，而尽量避免粗俗的言语。因为粗俗的言语是低层次文化的语言表达，这是文人雅士所不屑的行为。因此，有教养的人说话时总是力求采用"雅致"的语言形式，这是文人律己的结果，符合他们自己的身份意识。在日常生活中，直言厕所、便溺一类词语是有失体面的，于是就有了相应的替代语。

例如：

> 夷射姑旋焉。(《左传》)
> 是日，武帝起更衣，子夫侍尚衣轩中得幸。(《史记》)
> 夫更衣之室，可谓臭矣；鲍鱼之肉，可谓腐矣。然而有甘之更衣之室，不以为忌；肴食腐鱼之肉，不以为讳。(《论衡·四讳》)

以上几例中的"旋""更衣"都是上厕所的讳语。到了元明以后，开始用"解手""净手"：

> 叙了些寒温，魏生起身去解手。(《京本通俗小说·错斩崔宁》)
> 这事怎干休，唬得我摸盆儿推净手。(《全元散曲·红绣鞋》)
> 武松站住道："我要净手则个。"(《水浒传》)

学界普遍认为《京本通俗小说》是宋代话本小说，已经出现了"解手"的用例，元曲中也有用例。民间传说"解手"一词来源另有说法。顾颉刚先生20世纪40年代在陪都重庆时，与友人闲聊时谈及"解手"时是这样解释的：俗谓溲溺为"解手"，初不明其义。及入四川，与人谈，乃知明末年，四川人未遭张献忠屠戮者仅得十之一二，膏沃之地尽化草莱。故清初政府强迫移民，先以湖广之民填四川，继以江西之民填湖广。当移民之际，悉系其手，牵之而行，若今日之拉壮丁然。被移者内急，辄请于解差曰："解手！"也有说是产生于明初对山西洪洞大槐树移民过程中。

在文人雅士看来，直言金钱也是不文雅的行为，因为孔子说过"君子喻以义，小人喻以利"，所以，中国古代的文人耻于谈钱，万一遇到实在不得不说的情形，也要换一个其他的词语来代替。如：

> 王夷甫雅尚玄远，常嫉其妇贪浊，口未尝言钱字。妇欲试之，令婢以钱绕床不得行。夷甫晨起，见钱阂行，呼婢曰："举却阿堵物。"(《世说新语》)
> 爱酒苦无阿堵物，寻春乃有主人家。(张耒《和春咎》)
> 钱之为体，有乾坤之象。内则其方，外则其圆。……亲之如

兄，字曰孔方。失之则贫弱，得之则富昌。（鲁褒《钱神论》）

管城子无食肉相，孔方兄有绝交书。（黄庭坚《戏呈孔毅父》）

至于偷窃，更是被正直的人所瞧不起。即使偷的是书，也会被安上个雅贼的称号。鲁迅的《孔乙己》便写了孔乙己这样的一个"雅贼"：

孔乙己一到店，所有喝酒的人便都看着他笑，有的叫道，"孔乙己，你脸上又添上新伤疤了！"他不回答，对柜里说，"温两碗酒，要一碟茴香豆。"便排出九文大钱。他们又故意的高声嚷道，"你一定又偷了人家的东西了！"孔乙己睁大眼睛说，"你怎么这样凭空污人清白……""什么清白？我前天亲眼见你偷了何家的书，吊着打。"孔乙己便涨红了脸，额上的青筋条条绽出，争辩道，"窃书不能算偷……窃书！……读书人的事，能算偷么？"接连便是难懂的话，什么"君子固穷"，什么"者乎"之类，引得众人都哄笑起来：店内外充满了快活的空气。

从以上描写来看，孔乙己咬文嚼字，反映了其内心对"偷"字的排斥和抗拒，所以换用了一个他认为比较文雅的"窃"字。

性爱本是正常的行为，用语言来表达性爱也是一种正常的现象。但是在深受儒家文化影响的传统规范下，性爱被蒙上一层神秘的色彩，人们对它讳莫如深，成了语言的禁区，只可意会，不可言传。古代文学作品中涉及性爱的词语，都用其他词语来代替。如：

饮食男女，人之大欲存焉。（《礼记》）

荒侯市人病不能为人，令其夫人与其弟乱而生他广，他广实非荒侯子，不当代后。（《史记》）

那宝玉恍恍惚惚，依着警幻所嘱，未免作起儿女的事来，也难以尽述。（《红楼梦》）

好色即淫，知情更淫。是以巫山之会，云雨之欢，皆由既悦其色、复恋其情所致。（《红楼梦》）

古代对性行为的描写，也都极尽隐晦之能事。至于现代，人们则用"房事""同房""夫妻生活"来指代，或者借用外来词组"make love"来表示。

除了上述三种避讳以外，其他可能会冒犯对方或造成对方心理不愉快的话，都要尽量避免。在各种方言中都有一批禁忌词，特别是旧时使用得更普遍。如旧时山东人称呼陌生人为"二哥"而不能叫"大哥"。因为在山东人心目中，"老大"这个词是损人的：秦琼秦二哥为天下敬重，可他哥哥秦老大却是个偷鸡摸狗的家伙；武松武二哥是景阳冈打虎英雄，而他的哥哥武老大却是个被戴绿帽子的窝囊废。旧时北平妓院里称嫖客为"二爷"，因为"大爷"是指那些游手好闲的流氓。

当然，一个词语的避讳与否，与当地的社会风俗习惯、民众心理有很大关系。有一些词语在某地是禁忌，但在另一地不一定，反之亦然，这种差异反映出各地人民心理状态的差异。如湖北方言里常用"伙计"一词，用来对自己的同事、同伴、陌生人表示亲昵的称呼。不过一般来说，熟悉人之间用"伙计"多一些，比如夫妻之间相互称呼"伙计"是常见的。但是在山西话中，"伙计"则是姘妇、姘夫之间的相互称谓，千万不能误用。再如"十三"这个词，在汉语中就是一个正常的数字，没有什么特殊的含义。北京的"十三陵"是著名的旅游景点，侠女"十三妹"是家喻户晓的女英雄。但在西方，"十三"则是一个不吉利的词语。我国的英文报纸《中国日报》把电影《侠女十三妹》翻译成《孤女复仇》（*The Girl Orphan's Revenge*），避免说"十三"。

第三节 避讳的方法

如何避讳？无非两个方面，一个是说话时避免说，另一个是写字时避免写。也就是说，从避讳的方法来看，一个是采用改变语音的形式来达到避讳的目的，另一个就是改变字的形体以达到避讳的目的。

一、改变读音

这种避讳的方法是指不直接读所避讳的字的读音，而改读另一个音。如过去的文人，遇到孔丘的"丘"字，就改读成"某"，书写时也写成"某"字。汉景帝名叫刘启，司马迁在写《史记》时遇到"启"字，就要改变读音。如：

> 子某最长，纯厚慈仁，请建以为太子。（《史记》）

这个"某"字，就是代替汉景帝刘启的"启"，因司马迁写《史记》是在景帝继位之后，所以要避讳。改音法有时候可以和换字法结合起来。秦始皇叫嬴政，"政"与"正"同音，秦朝就把"正月"改成"端月"，这是换字的避讳。还有把"正"的声调从去声改成平声的方法。《宋史·礼志》载：

> 绍兴二年十一月，礼部太常寺言：渊圣皇帝御名（桓）见于经传义训者，或以威武为义，或以回旋为义，又为植立之象，……又为姓氏，当各以其义类求之。以威武为义者，今欲读曰威；以回旋为义者，今欲读曰旋；以植立为义者，今欲读曰植；若姓氏之类，欲去木为亘。又缘汉法，邦之字曰国，盈之字曰满，止是读曰国曰满，其本字见于经传者，未尝改易。

可见在宋朝的时候，为了避皇帝的讳，已经想出各种各样的办法了。

与此类似的还有一个例子。唐朝的魏徵声名显赫，官至谏议大夫、秘书监，敢于直谏，连皇帝都怕他三分。民间还有魏徵梦中斩龙的传说：长安城里有个算命先生，算得很准。泾河龙王去找茬，让他算算什么时候下雨、下多少。算命先生说："明日辰时布云，巳时发雷，午时下雨，未时雨足，共得水三尺三寸零四十八点。"龙王就说，如果算得不准的话，就要打坏门面，扯碎招牌，把他赶出长安。龙王刚回去，玉帝的下雨圣旨已经送到，和算命先生说的一点不差。为了赌赢，龙王私自篡改了雨簿，造成灾祸，犯下天条。玉帝命魏徵于午时三刻斩杀龙王，龙王向唐太宗求情，唐太宗答应帮忙。第二天，唐太宗宣魏徵进宫，然后拉着他下棋，让他无法前去行刑。不料正值午时三刻，魏徵打起了瞌睡，梦斩老龙。老龙怨恨唐太宗言而无信，阴魂不散，天天到宫里来闹，闹得唐太宗六神不安。于是唐太宗把秦叔宝和尉迟敬德的画像贴到门上，防止龙王来骚扰。这就是门神的由来。魏徵生前很威风，死后谥号文贞公。但到了宋朝，他却没有那么幸运，因为谥号中的"贞"与宋仁宗赵祯的"祯"字同音，宋人就把他的谥号改成了"文正公"。

有时候为了避皇帝的讳，地名也难以幸免。宋太宗叫赵光义，于是地名中带有"义"字的都要改。如江苏的宜兴，原名义兴，西晋永兴元年置义兴郡，宋朝初年改成宜兴，《宋史·地理志四》载"宜兴，唐义兴县，太平兴国初改"。湖南省的宜章县，也是隋朝置县，原名"义章"，同样的原因改为宜章。其他还有陕西省的宜川，原名"义川"；四川的宜宾，原名义宾，原意为"慕义来宾"。需要指出的是，虽然为了避宋太宗的名讳而改了很多地名，其实宋太宗本人的名字也因避讳而改过。宋太宗原名赵匡义，他哥哥赵匡胤当了皇帝以后，"匡"字他就不能用了，于是改成"赵光义"。不同朝代，皇帝名字不同，禁忌的东西也不同。"胡虏"是汉人对北方少数民族的称呼，清朝忌讳"胡虏"之说，于是一些有"虏"的地名就要改。如宁夏的平罗县，原名平虏，明永乐初年筑平虏城。《平虏纪略》载："明代有虏警，设兵御寇，故曰平虏。"清初改为"平罗"。与平罗相邻的陶乐县，原名套虏，清初改为陶乐。这些都是通过对语音的更改达到避讳的目的。

不仅皇帝的名号要避讳，自己的父母祖先的名讳也要避。《红楼梦》里关于林黛玉避其母亲的讳也是用改变读音的方法：

> 子兴道："……目今你贵东家林公的夫人，即荣府中赦、政二公的胞妹，在家时名字唤贾敏。不信时你回去细访可知。"雨村拍手笑道："是极。我这女学生名叫黛玉，他读书凡'敏'字他皆念作'密'字，写字遇着'敏'字亦减一二笔。我心中每每疑惑，今听你说，是为此无疑矣。"

林黛玉见到"敏"字都要读成"密"，改变读音，正是为了避其母亲的讳。

现代汉语方言中通过改变语音避讳的例子也有。如苏沪一带忌讳说"死"，于是口语中改变字音说成 [ɕi]，但这个读音和"洗"又同音，于是不再使用"洗"而改用"汰"或"净"。否则，表示客气的"侬先洗"就变成了"侬先死"了。旧上海的先施公司是广东人开的,并不太注意上海话的忌讳。结果那些老上海人都不愿意到这家公司去买东西,而是到隔壁的永安公司,因为他们读起来,"先施公司"和"先死公司"一样。

二、更换词语

通过改变语音的办法避讳比较麻烦,语音相同的字无法达到避讳的目的,声音相近的字又有嫌疑,更换有局限,所以使用的不是很多。相比较而言,汉语中有大量的同义词、近义词,选用意义相同或相近的词语来避讳的方法更方便实用。

中秋节人们要吃月饼,关于月饼的由来,民间传说是:嫦娥奔月后,感到月宫中孤苦难熬,后悔异常,于是告诉她的丈夫:"月圆的时候,你用面粉作丸,团团如圆月形状,放在屋子的西北方向,然后再连续呼唤我的名字。三更时分,我就可以回家来了。"但我们可能不知道,这个中国传统中的月亮女神,原名并不叫"嫦娥",而是叫"恒娥"。她的名字是由于避讳而改的:

> 羿请不死之药于西王母,托与姮娥。逢蒙往而窃之,窃之不成,欲加害姮娥。娥无以为计,吞不死药以升天。然不忍离羿而去,滞留月宫。广寒寂寥,怅然有丧,无以继之,遂催吴刚伐桂,玉兔捣药,欲配飞升之药,重回人间焉。(《淮南子》)
> 嫦娥应悔偷灵药,碧海青天夜夜心。(李商隐《嫦娥》)
> 姮娥已有殷勤约,留著蟾宫第一枝。(晏几道《鹧鸪天》)
> 寂寞嫦娥舒广袖,万里长空且为忠魂舞。(毛泽东《蝶恋花》)

《淮南子》是西汉淮南王刘安的门客编写的一本书,在这本书里"嫦娥"写为"姮娥"。"姮"本作"恒",俗又写作"姮"。又为了避汉文帝刘恒的讳,改为"常娥",又变为"嫦娥"。同样,屈原《离骚》中"余独修好以为恒"也改成了"余独修好以为常"。田恒,系春秋时齐国的陈厘子之子,杀死简公,拥立齐平公,任相国,尽杀公族中的强者,扩大封邑,专权齐国。他虽然在春秋时的齐国位高权重,但到汉代后也被改名为田常。"恒"和"常"语义相同。

汉代人把衣装服饰叫作"严"。如：

> 纪见祸乱方作，不复办严，即时之郡。（《后汉书》）
> 孤不好作鲜饰严具，所用杂新皮韦笥，以黄韦缘中。遇乱世无韦笥，乃更作方竹严具，以皂韦衣之，粗布作里，此孤之平常所用者也。（曹操《内诫令》）
> 曲终漏尽严具陈，月没星稀天下旦。（《乐府诗集·鸡鸣歌》）

为什么叫"严"？如果不知道避讳就无法理解。汉明帝名叫刘庄，"装"与"庄"同音，"庄""严"同义，所以就换用同义词"严"来替换"装"。因此，"办严"就是准备行装，"严具"就是妆具、梳妆用具。汉高祖叫刘邦，凡遇到"邦"字不能称"邦"而改称"国"。因此汉朝说到战国时的官名"相邦"改叫"相国"，《论语·微子》"何必去父母之邦"在汉石经残碑中就被改为"何必去父母之国"，"邦"与"国"意义相近。

唐代有个著名的医学家，叫许胤宗。名字里有个"胤"字与宋太祖赵匡胤的名字相同，被改成了"嗣"："若用群队之药，分其势则难取效。许嗣宗所谓譬犹猎捕知兔，广络原野，冀一人获之，术亦疏矣。"（《普济本事方》）清人郑文焯又将其改成"许裔宗"："唐许裔宗云：脉之深趣，既不可言。"胤、裔同属喻母，胤，真部，裔，月部，属旁对转。《说文解字》载："胤，子孙相承续也。"也就是子嗣、后裔的意思。

扬州有一种地方名小吃，叫"蜂糖糕"：

> 古城扬州，地处江南，扬州人的饮食习惯，南北兼容。扬州糕点的制作种类，与北方相近，较少使用米粉，以面粉为主。有一种扬州独树一帜的糕点，名叫蜂糖糕，过去，糕饼铺和茶社都有得卖，很受大众欢迎。（《扬州晚报》2010年12月11日）

所谓的"蜂糖"，其实就是蜂蜜。为什么在扬州就叫蜂糖呢？原来也是避讳：

> 杨行密之据扬州，民呼"蜜"为"蜂糖"。夫"蜜""密"，二音也，呼吸不同，字体各异，亦由"茄子""伽子"之义。甚哉，南方之好避讳者如此。（宋人彭乘《墨客挥犀》）

杨行密，字化源，庐州人，唐末著名政治家、军事家，五代十国时期吴国的奠基人，雄才伟略，有"十国第一人"之誉。占据扬州的时候，因为要避免说跟"密"音同或音近的字，于是改"蜜"为"糖"。"蜜""糖"意义相近。

到了现代社会，语言的禁忌与说话人的民族文化、观念习俗、心理等各方面因素都有关系。不同民族、职业、年龄的人，忌讳的语言有所不同。

开店做生意的最忌讳说"关门"，于是吴语把晚上关门暂停营业叫"打烊"。"烊"的意思是熔化金属，店家白天收的都是碎银子，晚上得把它们熔化成大元宝，当然要打烊了，所以"打烊"隐含的意思是生意很好。即使当真破了产，也不能叫"关门"，得叫"歇业"，先歇会儿，回头再来。船家忌"翻""沉""滞""住""搁浅"，因此"帆"得叫"蓬"，"幡布"叫"抹布"或"云转布"，"盛饭"得叫"装饭""添饭"，"箸"在不同的方言中与"沉""滞""住"音近而改成了"筷子"。

陕西汉中人忌讳说"烧火"，而要说成架火或传火。因为"烧火"指公公和儿媳的不正当关系；还忌讳说"吃锅巴"和"铲锅巴"，"吃锅巴"和"铲锅巴"是指弟嫂之间有不正当关系。客人到汉中人家吃饭，不能让主人给你铲锅巴，更不能自己动手去铲，轻则引起笑话，重则引起主人反感驱逐出门。

客家人对方位的叫法非常特别，甚至是隐晦，常常令不操客家方言者困惑，如把"里面"说成"知背"。为什么这样说呢？也是与避讳有关。客家话"里""狸"同音，"里面"犹同"狸面"。"狸"是常用贬义词，如狐狸嫲、花狐狸等。如果说某人的脸用"狸"来形容，则意味着这家伙多是非，是十足的骗子，故不能说"狸面"。"里"为何又代之以"知"呢？原来，客家人认为"真知"不是表浅的东西，是深藏于"里"的，故把"里面"说成"知背"（表示厚实的知识需用背来扛负）。知，客家话今文读与女阴之"膣"同音，显得不雅。清代钱大昕从音韵上证明了"古无舌上音"。把"里"换成"知"，使用了更换词语的方法，而"知"再改成其他读音。另外，"里面"也可说成"知肚"。

三、改变字形

相对于口语的交际，文字的书写更加正式，保存的时间也更加长久。因此，避讳不仅体现在口语中，同样也体现在书写符号系统——文字上。文字形体的改变主要有缺笔法、增笔法、空字法、小字法等几种。

缺笔法出现在唐代以后，所谓的缺笔法，是指在书写某个需要避讳的字时，少写一个笔画，以此达到避讳的目的。如唐太宗李世民，唐朝人写"世"一般写成"卋"；宋太祖赵匡胤，宋代人写"胤"一般写成"𦙍"；宋真宗赵恒，宋代人写"恒"一般写成"恒"；清代康熙皇帝叫玄烨（注："烨"今简化字为"烨"），清人写这两个字时，"玄"缺一笔写成"𤣥"，或者"烨"缺一笔写成"煒"。道光皇帝叫旻宁（注："宁"今简化字为"宁"），清人一般写成"𡩋"。在中国历史上，孔子是圣人，遇到孔子之名，书写时也要少一笔，"丘"字就写成"丠"。朱熹《诗集传》引《小雅·崇丘》就刻成"丠"。南宋大诗人陆游有个儿子叫子聿，字怀祖，是著名的刻书家，其父的文集《渭南文集》就是他编的。每当碰到"游"字，他就省去一笔，改写成"𠴓"。

与缺笔相反，也有采用增加笔画或添加符号的方法。如清朝雍正三年（1725）谕旨，除四书五经外，"丘"字改为"邱"，一些地名为了避讳而改成"邱"。姓氏的"邱"也是因为避讳而从"丘"字分化出来的，其出现的时间更早，如明代就有个礼部尚书叫邱濬。

空字法是在行文或刻书时为了避讳某个字，空出一个字的位置。这个位置既可以是空位，也可以用"□"表示，或者直接写成"讳"。比如南朝沈约修《宋书》，为避宋武帝刘裕的讳，把刘裕写成"刘□"或"刘讳"。三国时期蜀主刘备字玄德，清代刻本常作"□德"，以避康熙皇帝（玄烨）的讳。

如果不留空位，也可以直接把避讳的字抽出来，达到避讳的目的。如，观世音菩萨，在梵文佛经中，原名叫"阿缚卢枳帝湿伐逻"。在中文佛典中的译名，有好几种：竺法护译为"光世音"，鸠摩罗什译为"观世音",玄奘译为"观自在"。到唐朝,因为要避唐太宗李世民的讳,略去"世"字,简称观音。

有的汉字由若干个部件构成,如果其中有些部件含有皇帝的名讳,这个部件就要换掉。如唐朝为避李世民的名讳,含有部件"世""民"的汉字多用形似的部件加以代替。南宋张世南《游宦纪闻》卷九记载:"世"字因唐太宗讳世民,故今"牒"、"葉"(注:"葉"今简化字为"叶")、"棄"(注:"棄"今简化字为"弃")皆去"世"而从"云"。"漏泄""缧绁"又去"世"而从"曳"。"世"之与"云"形相近,与"曳"声相近。若皆从"云",则"泄"为"沄"矣,故又从"云"而变为"曳"也。又云:"民"则易而从"氏""昏""愍""泯"之类,至今犹或从"氏"也。明清时期,统治者还利用汉字的构造大兴文字之狱。明朝有位僧人呈了一首《感恩诗》给朱元璋,诗中有云:"殊域及字惭,无德颂唐尧。"朱看后便说:"汝用'殊'字,是谓我朱歹也。"随后就将僧人杀害。这里朱元璋就是利用汉字的构件强说字义。清朝雍正时查嗣庭主持江西考试,出了"维民所止"的题目,有人告发说,"维""止"是"雍正"二字去掉头,最终雍正治了查嗣庭的罪。

在现代社会,某些情况依然讲究避讳。如在给人送礼,特别是给老年人送礼时,不要送钟,因为"送钟"与"送终"谐音;送礼也不要送伞,因为"伞"与"散"谐音,苏州人干脆就改叫"竖笠"。夫妻不要分吃一个梨,因为"分梨"与"分离"是谐音,这些都会使人产生不愉快的文化心理。

避讳不单是中国的特权,在汉字文化圈内的国家同样讲究避讳。如新加坡的"书城"叫"黄金城",因为"书"与"输"谐音,而中国又有"书中自有黄金屋"的说法,所以改成了"黄金屋"。日本大阪地铁的所有招牌,都将"铁"字写成繁体字"鐵",而不是"鉄",尽管在日本"鐵""鉄"二字并用,因为简体"鉄"字是由"失""金"二字组合而成,地铁"失金",意味公司赔本,所以在这里采用"鐵"。

对词语的避讳有时候还会影响到行为。如东海、黄海的沿海居民旧时吃鱼时,不能吃完半边再将鱼翻过来吃另一半。渔民出海打鱼,除了害怕翻船外,还怕搁浅,所以渔民吃饭时筷子不能放在碗口上，因为这被看做是搁浅的不祥之兆。

语言和行为的避讳跟人的思想意识有关系，科学越昌明，忌讳就越少。温州旧时避讳 "虎"，称老虎为 "大猫"，但是晚近输入的如 "老虎钳" "台虎钳" "老虎灶" 等已经不再忌讳 "虎"。

本章主要参考文献及推荐阅读书目：

[1] 陈垣. 史讳举例 [M]. 北京：中华书局，2012.

[2] 邓晓华. 人类文化语言学 [M]. 厦门：厦门大学出版社，1993.

[3] 沈锡伦. 语言文字的避讳、禁忌与委婉表现 [M]. 台北：台湾商务印书馆股份有限公司，1996.

[4] 王彦坤. 历代避讳字汇典 [M]. 北京：中华书局，2009.

第七章 "丝情发艺"是什么

——谈谈语言文字的不规范现象

走在湖南永州的街头，我们看到在一些商铺上挂着广告牌，上面写着"丝情发艺""今日说发""侬侬布舍""百衣百顺"，如果不进去看看，我们可能无法知道这些商铺卖什么。其实，"丝情发艺"是理发店。为什么这样说？因为在湖南大部分地方方言中，"h"与"f"不分，"丝情发艺"听起来跟"诗情画意"差不多，这些问题涉及社会用字存在的一些现象。下面我们就说说文字以及社会上语言文字使用的不规范现象。

第一节　文字和文字的起源

一、文字的性质

语言是社会成员之间的联系纽带，没有语言，人类社会是组织不起来的。但是，我们知道，语言的负载物是语音，也就是说，人们之间交流信息是靠声音的传递和接受来进行的。声音是一发即逝的，在没有现代录音录像技术的时期，人们说话要受到时间和空间的限制，甲在这里讲话，乙站得远了就听不见，或者甲在以前讲话，乙现在听不见。也就是说，声音的传递不能持久，不可能无限距离传递，具有很强的局限性。如果有一些很重要的话需要保存下来怎么办呢？人们经过长期的摸索，发明了记录语言的书写符号系统——文字。清代学者陈澧在《东塾读书记》里曾经有过一个很形象的说明："声不能传于异地，留于异时，于是乎书之为文字。文字者，所以为意与声之迹也。"这段话清楚地说明了文字与语言的关系：文字是语言的"意与声之迹"，是在语言的基础上产生的，是语言的书写符号。

文字是为了记录语言而发明的一种书写符号系统，在语言的基础上产生，是"言之记"。语言中的语素、词包括音和义两个方面，记录语言的文字，除了音、义之外，还必须有自己的形体。所以，文字有字形、字音和字义三个因素。字音、字义和语素、词等单位的音、义一致，而字形则是文字所特有的。文字是用"形"通过"音"来表达"义"的。不管采用什么样的"形"，每一个字必须能读出音来，这是文字的本质，这样才能用文字的"形"来记录语言中的语素、词等单位。拼音文字一般都是用一个字去记录语言中的一个词，如英文的"book"，"book"是形，［buk］是音，"书"是义。绝大部分汉字代表汉语里的语素，也都是形、音、义的统一体。少数汉字只有字形和字音，没有字义，如"蜘""蝴""玻""琉"等，它们要和别的字结合，变成"蜘蛛""蝴蝶""玻璃""琉璃"才有意义。

语言是一种系统，文字也是一种系统。文字是记录语言的书写符号系统，如汉字包括笔画、笔顺、偏旁等，英语等拼音文字包括字母、字母顺序、拼写规则（大写字母用法、移行规则、自左而右的书写顺序）、标点等。通过这样的书写符号的系统，可以把语言符号记录下来，使语言的口头形式书面化。

二、文字的起源

有这样一个故事，说有两个聋哑人张三和李四是好朋友，有一天，张三画了一张画（见图1），画的是一个人，一只手里端着一只冒着热气的碗，另一只手捂着屁股，身体前倾。画好以后派人送到李四家中，李四看了以后，立刻明白了张三的意思，于是李四也画了张画（见图2），他画了一个乌龟，想从一个笼子里往外爬，但是因为龟壳太大，就是爬不出去。

图1

图2

这两张图要传达什么信息呢？原来，张三的意思是"午后请你吃饭"，时间"午后"是用手捂屁股表示的；李四的意思是"大概出不了门"，"大概"是用乌龟壳（盖）很大而钻不出笼子来表示。这种直观朴素的交际方法，与文字的起源有关系。

有关文字的起源，有很多种不同的说法。在人类出现的初始阶段，应该是没有文字的。但随着人类社会的发展，有很多事情需要记录，如部落人口、财产以及重大事件。人们一开始应该是用实物来辅助记录事情、传递信息。这种实物记事的方法今天一些少数民族还在使用，如云南的景颇族常以玉米、豆子等实物来记事，发生纠纷用"讲事"来评理，一般由山官、头人主持，请有威望的老人参加，双方各自陈述理由，一条理由用一颗豆子记录，以豆多者为胜；纠纷解决了，将一根木棍刻上刀痕，剖为两半，双方各执一半作凭证，并将柴投入火中烧灭以示了结。稍微复杂一点的实物记事可以用实物的方式来传递信息、表情达意。如有些地方用辣椒、子弹表示敌对，用槟榔表示好感，用砍断的牛肋骨表示断绝关系等。云南陇川县的景颇族有一种以实物代替信息的习俗：假如小伙子爱上了一个姑娘，他就用树叶包上树根、大蒜、辣椒、火柴梗，再用线精巧地包扎好送给女方。树根表示想念，大蒜表示要姑娘考虑两人的事，辣椒代表炽烈的爱，火柴梗表示男方态度坚决，叶子代表有好多话要说。女方收到以后，如果同意，即将原物退回；如果不同意，便在原物上附加火炭，表示反感；如果还要考虑，便加上奶浆菜。这些都是今天还在使用的实物记事、传递信息的具体例子。

与实物记事相比，结绳记事稍微抽象一点，但依然属于"实物"的范畴。《易经》说："上古结绳而治，后世圣人易之以书契。"结绳的方法已不得而知，后人只说是"事大大结其绳，事小小结其绳"。讯木也是一种记事的方法，是指在一根木棒上刻上各种花纹或插进各种东西，用来帮助记忆和传达命令。据《北史·魏本纪》记载，魏先世"射猎为业，淳朴为俗，简易为化，不为文字，刻木结绳而已"。《唐会要·吐蕃》载藏族祖先"无文字，刻木结绳以为约。征兵用金箭，寇至举烽"。《五代会要》载"契丹本无文记，惟刻木为信"。可见，信木等在一个民族的文字发明以前跟结绳一样，起过记事、传令等重要的交际作用。秘鲁人结绳记事非常有名，16世纪西班牙人占领秘鲁时，当地居民还盛行结绳记事。

他们用不同颜色的绳子在横杆上打不同的绳结，不仅用于记数，还用于法律和历史的记录。直到现在，秘鲁的牧羊人还用类似的办法计算羊的数量。与结绳相似的还有结珠，就是用珠子或穿孔的贝壳结在树皮、大麻、鹿皮等搓成的线上，可以记录部族的历史或部族之间的条约，也可以用来表示土地的疆界和私人的财产。我国的算盘很可能来源于结珠记事。我国的台湾高山族人有用结珠记事的。

实物记事太过麻烦，像高山、大河之类的实物是无法随便拿走的，因此实物记事具有一定的局限性。随着人们思维的发展，人们用比实物稍微抽象一点的图画来表达意思。这在记事的方法上是显著的进步。

关于图画记事的例子有很多。印第安达科塔人曾在一张野牛皮上用图画记载每年发生的一件大事。见图3至图6：

图3   图4   图5   图6

从左到右分别记载的事情是：图3表示有一年流行天花；图4是说一个驼背的印第安人被长矛刺死；图5记录了西班牙地毯进口的事情；图6则记录了某年发生日食现象（日全食时可以看见星星）。又如发现于北美苏必利湖边岩石上印第安人的图画（见图7）：

图7

图7记载了某个部落远征部队过湖的事情。上端5只独木舟载

着 51 个人。远征队由部落酋长率领。第一只船上方的水鸟图腾是标志。中间右边表示天穹。3 道拱门下的 3 个太阳表示行程 3 天。海龟表示顺利到达彼岸。骑马人表示远征队迅速冲锋，鹰代表勇敢，体现战士的精神。下方是豹子和蛇，分别代表力量和计谋。这种用于交际的图画，正是原始文字的前身。

用于交际的图画演变为文字符号的标志在于它与语言中的词或者语素建立起固定的关系，也就是说，它在图形上比较确定，并且有了公认的语音和语义。这种演变需要一个过程。如图 8 至图 10 是分别见于我国古代的 3 件青铜器上的符号：

图 8　　　　　　　　图 9　　　　　　　　图 10

图 8 画的是一个人的形状，有脑袋，有手，有脚，后来演变成"夭"（天）字。图 9 画的是牛头，后来变成"牛"（牛）字。图 10 的上半部分是小孩的图形，后来变成了"子"（子）字，下半部分是蝙蝠的图形，没有变成汉字。

四川凉山地区的尔苏人曾经用一种"沙巴图画文字"写成他们所信仰的原始宗教的经书。目前搜集到的有 200 多个单体字，形体见图 11 至图 25：

图 11　　　图 12　　　图 13　　　图 14　　　图 15

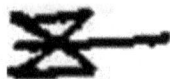

图 16　　　图 17　　　图 18　　　图 19　　　图 20

图 21　　　图 22　　　图 23　　　图 24　　　图 25

图 11 至图 25 共计表达 15 个字，分别表示的意思是：皮口袋；火焰在燃烧；切菜板或木头墩子；装食物的盘子；桥；奴隶变成的

鬼；一种形状像手的法器；一种能锁住妖魔的笼子；牛；斧头；太阳；宗教活动者做法事的时候供物用的三角形架子；星星；装酒用的带把子的陶罐；宝刀。

图画文字有比较固定的图形，都有一定的音和义，在使用时把它们拼成一幅幅的图画，不按线性排列。如图 26 是沙巴文经书《虐曼史答》中的第 9 幅：

图 26

图 26 中，（1）意思是说今天属狗，涂上红色表示为火日；（2）表示早晨有雾；（3）表示有酒喝，是比较好的日子；（4）说明两个星宿将要死去，有一个还在闪光；（5）太阳中间画了一个 ×，预示天气不太好；幸亏有法器［见（6）］和镇妖的宝刀［见（7），宝刀画出了刀头部分］，所以不会出现太大的意外。这是从图画到文字的过渡阶段。

东巴文是居于云南省北部及西藏东部的纳西族所使用的文字，是一种原始的图画象形文字，源于纳西族的宗教典籍兼百科全书的《东巴经》。东巴文创始于唐代，大约有 1 400 个单字。东巴文的基本特点是："专象形，人则图人，物则图物，以为书契。"（清代余庆远《维西见闻录》）即使不认识东巴文的人，看到字的形体也能大致猜到它所表示的意思。如图 27 至图 47：

图 27　　　图 28　　　图 29　　　图 30　　　图 31

图 32　　　图 33　　　图 34　　　图 35　　　图 36

图37 　　　　图38 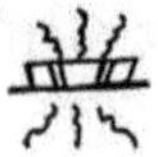　　　　图39 　　　　图40 　　　　图41

图42 　　　　图43 　　　　图44 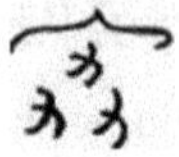　　　　图45 　　　　图46

图47

图 27 至图 47 这些符号分别表示的意思是：亮；日光；月光；日出；地；秧田；夜；时间；铃铛；麦子；稗子；麻；地震；烧山；树木；草；鸟；秋天；冬天；春天；夏天。

东巴文与沙巴图画文字相似，但比沙巴文字进步一点。东巴文在表述意思的时候，不再是把单个的文字拼成图画形式，而是线性排列。

实物记事距离文字形态太过遥远，因此文字不可能从实物记事发展而来。图画和文字都是采用书写、刻画的形式。图画是文字的前身。图画文字把图形简化，一个图形记录语言中的一个语素或词，那就产生了真正的文字。判定一个刻画或书写的图形是否属于文字，要看某种图形是否和确定的语言单位相结合。

第二节　汉字的起源及发展

一、汉字的起源

有关汉字的起源，有很多种说法，其中最著名的就是仓颉造字。仓颉造字的传说在古代典籍里有很多记载。如：

> 古者仓颉之作书也，自环者谓之私，背私谓之公。公私之相背也，乃仓颉固以知之矣。（《韩非子》）
> 奚仲作车，仓颉作书，后稷作稼，皋陶作刑，昆吾作陶，

夏鲧作城，此六人者，所作当矣。（《吕氏春秋》）

昔者仓颉作书而天雨粟，鬼夜哭。（《淮南子》）

黄帝之仓颉，见鸟兽蹄远之迹，知分理之可相别异也，初造书契。……仓颉之初作书也，盖依类象形，故谓之文。其后形声相益，即谓之字。文者，物象之本；字者，言孳乳而寖多也。着于竹帛谓之书。书者，如也。（《说文解字》）

仓颉造之，鬼哭粟飞，黄帝用之，官治民察。（《文心雕龙》）

仓颉造字的传说，古时候就有人不赞成，到了近代，怀疑的人更多。清末四川有个叫廖平的学者，写了一本书叫《经学六变记》，在这本书里他主张后来的汉字实际上是经过孔子亲手制定的。但这本书流传不广，所以这个论点也没什么影响。现代影响最大的观点，是认为殷墟出土的甲骨文为中国最早的文字。殷墟甲骨文年代最早的不超过公元前 1300 年，这比黄帝、仓颉要晚 1 000 多年。

在甲骨文之前，人们发现在一些陶器上的刻画符号与文字比较相像。这个要比甲骨文早得多。从新石器时代起，我国境内某种文化的陶器上便有符号出现。有的符号是刻划的，有的符号则是用毛笔一类的工具绘写的。从数量上看，刻划的数量要比绘写的多。陶器的符号有一定的传统，一直到东周、秦、汉还存在陶文，这些陶文是新石器时代以来陶器符号的后身。

如西安半坡遗址发掘后，于 1963 年出版了发掘报告《西安半坡》，发表该遗址所出的仰韶文化陶器符号 100 多例。仰韶文化比龙山文化更早，符号更多，有些符号"刻划较繁"，很容易和文字联系起来，于是很快引起了古文字学界的重视。图 48 是半坡、姜寨仰韶文化陶器上比较常见的符号。

这些符号基本上只见于一种彩陶钵，一般刻在钵口外边黑色的边缘上。每个钵刻一个符号，极少数是两个符号刻在一起的。

图 48

郭沫若认为，刻划的意义至今虽尚未阐明，但无疑是具有文字性质的符号，如画押或者族徽之类。我国后来的器物上，无论是陶器、铜器或者其他成品，有"物勒工名"的传统。特别是殷代的青铜器上有一些表示族徽的刻划文字，和这些符号极其相似。由后以例前，也就如黄河下游以溯源于星宿海，彩陶上的那些刻划记号，可以肯定地说就是中国文字的起源，或者中国文字的孑遗。

二、汉字的发展

原始文字的形体没有完全定型，字形和语词的对应关系也没有完全固定，而且好些语词还没有造出字来表示。这样的文字工具当然只能粗略地记录语句。这种文字要成为完整地记录语言的独立的文字体系，必须经过漫长的发展过程。和原始文字比较，独立的文字体系必须具备如下的条件：第一，把整幅的画简化或拆散成单个的图形，一个图形跟语言里的一个语素或词相当；第二，这种图形可以重复使用而所表达的意义不变；第三，把这些图形作线性的排列，依照它们的顺序念出来，也就是语言里的词的顺序，顺序不同，意思也就不同。从原始文字进化到文字体系，用借音的办法扩大文字所能记录的语词的范围，是非常重要的一步。如汉语里"旗"和"骑"同音，人们就可以把表示旗子的字形借用来表示骑马的骑。这样，如果先画一个人，再画一面旗，再画一匹马，这是"人骑马"；如果先画旗和马，再画人，那就是"骑马人"。文字发展到这种程度，才能完整地、全面地记录一种语言，使原始的文字发展为独立的文字体系。到商代后期，汉字就已经成为比较完整的文字体系了。

从造字的方法看，传统上汉字有"六书"的说法。"六书"的这个概念始见于《周礼·地官·保氏》：

保氏掌谏王恶而养国子以道，乃教之六艺：一曰五礼，二曰六乐，三曰五射，四曰五御，五曰六书，六曰九数。

东汉郑玄注引郑众说：

六书，象形、会意、转注、处事、假借、谐声也。

班固《汉书·艺文志》把六书之名定为象形、象事、象意、象声、转注、假借。许慎《说文解字叙》对六书的定义是：

> 一曰指事。指事者，视而可识，察而见意，上、下是也。二曰象形。象形者，画成其物，随体诘诎，日、月是也。三曰形声。形声者，以事为名，取譬相成，江、河是也。四曰会意。会意者，比类合谊，以见指㧑，武、信是也。五曰转注。转注者，建类一首，同意相受，考、老是也。六曰假借。假借者，本无其事，依声托事，令、长是也。

一般认为，六书中象形、指事、会意、形声属于造字之法，即汉字结构的条例；转注、假借则属于用字之法。从"六书"出现的先后顺序看，象形字一定是最先出现的，因为象形字就是对物体形状的描摹，是在图画基础上简化的结果，与图画的距离最近。例如下列常用字的形体：

日　月　山　水　鱼　龟　马　车　门

但是，有些抽象的概念无法用简化的图形来表示，这个时候就要在象形的基础上，用两个或两个以上的象形字组合起来，运用拐弯抹角的办法来表达意思，这就是会意字。例如：

武　信　从　北　休　及　寒　妇　莫

"武"力如何宣扬？这个字由"止"和"戈"两部分构成，有的人解释成"停止战争才是真正的武功"，这显然是误解了"止"的意思。这个"止"是"趾"的本字，意思是脚趾，不是停止的"止"。"戈"下面长了脚，显然意思是人扛着兵器走来走去，炫耀武力。什么叫"信"？人嘴里说出的话就叫信，因为说话要算话，要讲信用。"从"显然是一个人跟着另一个人，"跟从"的意思。"北"是两个人意见不合，背靠背，是背叛的"背"的本字。"休"的所会之意就比较明显了，一个人靠在树上休息。"及"有"追上、赶上"的意思，怎么会意呢？前面一个人，后面一只手抓住他，这就叫"及"。"寒"是"很冷"的意思，字的上部的盖子表示房子，下面的人周围用草包裹以御寒，同时脚下还有冰，看起来确实很寒冷。"妇"，许慎的解释是"服也，从女持帚洒扫也"，也就是说，"妇"是在家里从事家务工作的女人，所以用一个"女"和"帚"字组合达到会意的目的。"莫"是暮的本字，是傍晚的意思，从字形上看，上下是草，中间是日，太阳落到草丛里，自然就是傍晚了。

如果没有具体的形象可以描绘，还有另一种方法，就是在象形符号或其他比较容易理解的符号的基础上添加提示性符号，从而达到让人明白所指之物的目的。比如：

| 上 | 下 | 刃 | 亦 | 元 | 末 | 朱 | 甘 |

"上""下"是以一条线作为基准，"上"就在线上加一个提示性的点或短横，"下"就在线下加提示性的点或短横。"刃"是刀的最锋利的部分，于是在刀口位置加提示性符号。"亦"是"腋"的本字，意思是腋下，所以在人的胳膊下面加提示性符号。"元"是脑袋，所以现在还有"元首"一词，脑袋在人体的最高处，所以在人的头顶上加提示符号。"末"是树梢，《说文解字》解释为"木上曰末"。"朱"字《说文解字》说是"赤心木，松柏属"，也就是松柏类的红心木，也有人说是"株"的本字，表示树干。"甘"是"甜"的意思，嘴里含着东西，所以在口中加点。

象形、会意和指事三种造字方法都需要有一个基础，那就是能够描绘出造字对象的形状。实际上，有形可绘的事物毕竟只是少数，还有大量的抽象概念是无法描绘出来的，所以这几种造字方法是有局限性的。

形声字的出现是文字发展过程中的一个大突破。表意字虽然可以从形体知道它所表示的意思，但实际上它已与语素、词等单位的声音挂上钩。字形与语词的声音挂钩，因而可以念出来。人们认识到字形和语音之间的联系之后，就直接借用一个同音的表意字来记录语言中的一个词，或者在一个表意字的旁边加注读音，因而出现了意音文字，汉字就是一种典型的意音文字。各种意音文字体系都包含三种不同类型的字形：表意字，借表意字充当表音字，以及兼用表意、表音两种方法的字。我国传统的文字学把第二种称为假借字，第三种称为形声字。

上面我们讲过，依靠描绘客观事物形状的造字方法是汉字的造字基础，但是靠表意字来记录语言有很多困难：有些现象很难表意（如"成""长"之类），造不出字来；而且如果事事表意，那就得一事一个字，造不胜造，给记忆造成极大的负担。为了克服这些困难，人们想出了借字表音的办法，于是出现了假借字。如代词"其"无法造表意字，于是借用"簸箕"的"箕"（原写为像箕形的𝕦）；语气词"唯"借用像鸟形的"隹"（𬷕）；其他如"分离"的"离"原意是"黄仓庚也，鸣则蚕生"，写为𫚥；"困难"的"难"也是鸟名，原来写为𮅰；这些都是假借字。假借字的大量出现，说明人们已逐步意识到文字不一定要画出事物的形象，也可以直接表示语词的音。这是文字的一种早期的表音方法，是文字发展过程中的一个重大进展。

用假借的方法来扩大字的使用效率，这固然是一个很简便的办法，但是如果无限制地假借，使得大量同音的字都用一个字来表示，难免会产生混淆。为了避免这种情况的出现，人们开始在同音字的旁边加上表示意义类别的标志，即通常所说的"形旁"或"意符"。比如同样使用"其"这个声音，可以通过添加意符的方式得到"旗、棋、欺、祺、琪、淇、骐、麒、萁、期"等字。同样的道理，为了识别表意字，也可以在它旁边加注跟它的读音相同或相近的字，即一般所说的"声旁"或"声符"。这样，把表意和表音两种方法结合起来，产生了形声字。像"情"字中，"忄"代表"心"的意思，是意符或形旁，"青"代表"情"的读音，是声符或声旁。

从汉字体态来看，从甲骨文到今天的文字，经历了一个复杂的演变过程。

随意刻划记号和描绘形象，在甲骨文之前就已经有了。从殷商时期的甲骨文到秦代的小篆，是汉字形体发展演变的第一个阶段。甲骨文别称殷墟文字、卜辞、契文、殷契等。其字以象形字、会意字居多，显然属于早期的汉字，但从拥有一定数量的形声字这点来看，甲骨文已是一种较为成熟的文字。由于基本上是用刀具刻在骨板上，刀硬板实，容易刻成细的线条。所以甲骨文的笔画细瘦，线条苍劲，多方笔与直笔，字形瘦长且大小不一。

先秦称铜为"金"。金文即浇铸在青铜器上的文字。青铜为铜铅合金，青铜器是古代中国冶炼铸造技术取得长足发展的产物，在当时属于帝王、贵族之家的奢侈物品。青铜器以钟鼎居多，故金文又称钟鼎文。青铜器早见于殷商，盛于周代，战国也不乏见。金文用模子铸就，自身有极强的工艺性。就字体而言，金文笔画丰满粗壮，多圆笔，字形匀称，渐趋方块形。较之甲骨文，金文象形性差，线条化明显，形声字多，是一种更为成熟的形体。

小篆，相传是李斯等人所造，其实早在战国时期小篆就在民间萌生。小篆的特点是字形比较工整、匀称，笔画更加流畅婉转，同时趋于简化，字形结构也比较定型。小篆是古文字阶段的最后一种字体，是隶变的依据，所以它在文字发展史上占有重要地位。

从甲骨文到篆书，汉字已经由不够整齐而趋向条理性。秦代统一文字于小篆是一个很大的功绩，但更大的功绩还在于采用了隶书。采用隶书对后来汉字形体的发展演变具有积极意义，对更好地发挥汉字的职能也颇有积极意义。

从隶书开始，汉字体态发展演变进入了第二个阶段。隶书是今文字的开端，是汉字发展的一个重要转折点。秦朝已经使用隶书作为小篆的辅助字体。秦朝的隶书，被后人称为秦隶。秦隶只是把小篆的圆转曲折的笔画改为方折、平直，在形体上秦隶相当接近于小篆，只是比小篆方正。两汉时期，隶书取代小篆，成为通行字体。汉代的隶书，称为汉隶。汉隶跟秦隶比较，最大的区别表现在笔势上。汉隶在秦隶的基础上又增加了"波势挑法"，即在一些横、撇、捺等笔画上挑起来表现出波磔。汉隶笔势舒展，字形呈扁方形。有时，秦隶也叫古隶，汉隶也叫今隶。汉字通过隶变，形体和性质都发生了突破性的变化：①隶书把小篆的圆转笔画改为平直，从此变成了由笔画和偏旁构成的方块字，并因此形成了汉字的笔画系统。②结构进一步简化和定型。跟以往的字体比较，隶书的异体字大大减少，偏旁一般比较固定，笔画多少一致。③对小篆的偏旁进行分化、合并，改变了汉字的结构。小篆的偏旁无论在什么位置，写法都一样。但隶书的同一个偏旁，在不同的位置有不同的写法。如"心"在下写作"心"，如"思、想"等；又写做"小"，如"恭、慕"等；在侧面写成"忄"，如"快、恍"等。有些在小篆中本来是不同的偏旁，隶变后合并成一个。如"奉、奏、春、秦、泰"字的上部，小篆写法不同，但隶变为同一个形体。④小篆笔画婉转，以曲线为主，带有明显的象形痕迹。汉字经过隶变，增强了文字的符号性，汉字字形不再刻意追求字形的象形表意，汉字的性质有些突破。

楷书又叫正书、真书，原来并非字体的专称。"楷"是楷模的意思，"楷书"指可以作为楷模的字，是一切规范字的泛称，与"俗书""草书"相对。六朝后期、隋唐时代的人正处于隶书到楷书的转变时期，"楷书""正书""真书"也可以用来指隶书。唐宋之后，欧阳询、褚遂良、颜真卿等著名的书法家的字体就意味着社会上的标准字体，于是"楷书""正书""真书"就由泛称变为区别于隶书的字体了。楷书一直使用到今天。

在汉字体态发展演变的历史进程中，还有草书值得一提。草书是人们实际使用文字时应急写成的，工整的篆书、隶书、楷书是文字为统治阶级所垄断以后经过加工而产生出来的。为了弥补楷书的不便书写和草书的难于辨认，还产生了行书。行书产生于东汉末年，始于楷书之后介于楷书和草书之间，兼得二者之妙，所谓近楷不拘，近草不放，好写易认，方便实用。行书又分行楷、行草二类，前者近于楷书，后者近于草书。行书是应用最广泛的手写体。

第三节　社会用字用语出现的问题

文字是记录语言的书写符号系统，担负着传递、保存信息，弥补语言不足的职能。因此，文字的使用要求规范、准确。但是随着社会的发展，在各种外界因素的影响下，汉字的使用出现了一些变异，乃至不规范现象。这不得不引起我们的重视。

一、传统媒体用字的混乱情况

21世纪以来，社会发展进入快车道，作为社会交际的工具，语言也必然伴随社会的发展而发展。由于受到新事物、新观念以及新的手段的影响，产生了一些新的词语，也产生了一些新的表达方式，这种剧烈的变化导致在社会用字上出现了一些不规范现象。在我们的日常生活中，随处可见的广告、商标、招牌出现了错字、别字以及其他不规范用字现象，甚至不健康的用词用语。

如在 2013 年，某市住房与城乡建设委员会在九华山路一处工地外墙上张贴有几幅公益广告，上书"一日不吃饿得荒，一季不吃饿断肠"。但是仔细一看，居然有个错别字，让人觉得大煞风景。类似的例子还有很多。再如：《法制日报》记者 2012 年 5 月份在某市采访时，曾看到一张"五大道历史文化街区"标牌，居然也发现了不少错别字，一些重要的人名用字都写错了：曾任北洋政府国务总理、海牙国际法院副院长，被誉为"民国第一外交家"的顾维钧，他的故居被写成了"顾维钓故居"；将末代皇帝溥仪"请"出紫禁城的西北军名将鹿钟麟则被写成了"陆忠麟"；英国商人"汤玛斯·达文士"写成了"达交士"；曾任孙传芳五省联军总司令部秘书长的"杜友樵"被写为"林有樵"。

在一些商业行为中，由于缺乏规范管理或书写者文化水平低下，社会用字的不规范现象更加严重。如饭店的"炒饭"写成"抄饭"，修车的标牌写着"补胎冲气"，小商店门口的"另售"，家具店写成"傢俱"或"伏俱"，水果店门口出现"波萝"，还有"仃车收费"，等等，不一而足。

由于制作广告标牌的人员水平参差不齐，也缺乏专业的监管，假如出现一些用字不规范现象尚可原谅的话，那么相对严谨的传统媒体，如报纸、杂志等也出现了用字不规范的现象则难以让人理解。

某某晚报 2002 年上半年 1－10 版的全部文章中出现了不少不规范用字现象，主要有以下几类：

（一）读音相同或相近的字误用

假借曾经作为一种用字方法，在汉字早期非常有用，但汉字规范以后，各字都有自己的特定功能，使用时不可随意替代。如果随意使用，很可能造成别字现象。音同音近致误在报纸中最为常见，大概有这几类：

1. 字音相同相近，字义毫不相干。由于不少作者、编者操作电脑采用拼音输入法，稍有不慎，就会出现同音字致误现象。如：

（1）（巴特尔）随后回到中国旅行他在中国队和北京鸭的义务。（2 月 28 日第 10 版）

（2）原来解开这个疑团的关键性政局——康熙皇帝的传位遗诏就在台湾。（6月28日第9版）

（3）由于事先未在相关路口设志"告示牌"，许多车辆驶入此处受阻。（4月22日第4版）

（4）高考后分两次填自愿。（4月23日第1版）

例（1）中"旅行"应该是"履行"；例（2）中"政局"应该是"证据"；例（3）中"设志"应该是"设置"，"志"和"置"音同；例（4）中"自愿"应该是"志愿"，"自"和"志"其声母不同，但在不分平翘舌的方言中误认为一致。

2. 如果两个字声音相同或相近，再加上字义也相近的话，那么混淆的可能性更大。如：

（1）吃了山芋后闹肚子，这与炝山芋是用木炭还是焦碳作燃料没有关系。（2月6日第4版）

（2）位于广州东郊的广深高速、环城高速路交汇处。（2月4日第6版）

（3）这段时间的阴雨天气频繁……与江淮一带冷暖气团频繁交会有关。（5月19日第3版）

（4）初中二年级时，就因一次"负有正义感"的打架被学校开除了。（1月9日第5版）

（5）《财富》杂志最富盛名的排行榜包括两个。（3月3日第5版）

"炭"和"碳"音同义近，但二字有别："炭"是一种黑色燃料，大部分是碳素；而"碳"是一种非金属元素，符号为C。例（1）中"焦碳"指的是固体燃料，当作"焦炭"。"交汇"和"交会"均指会合、相交，但二者用法有别，据《现代汉语词典》，"交会"指一般的会合，如"铁路交会"；而"交汇"则专指"（水流，气流等）聚集到一起"，如"长江口咸水淡水交汇"。根据这个意思，例（2）当作"交会"，而例（3）则应为"交汇"。又如（4-5）两例中，"负"和"富"同音，在"拥有、享有"这一意义上用法相近，但又有细微差别。据《现代汉语词典》，"富有"是指

"拥有大量的财产"或"充分地具有（多指积极方面）"，如"富有生命力"；而"负"的"享有"义由"背负"引申而来，只表示"具有"，不含"大量""充分"之义，如"久负盛名"。可见，两例中"负"和"富"正好错位了。

（二）字形相近的字误用

汉字经过长时间的发展，不仅字数繁多，形体尤为复杂，产生了很多字形相近的现象，所以有"鲁鱼亥豕"之说，差之毫厘则可能失之千里。在报纸常见别字中，形近字亦较常见，又有以下三种：

1. 虽然字形相近，但实际上是两个完全不同的字。如：

（1）灸热的情感，温馨的陪护。（1月8日第4版）

（2）在随后的官子收束中，常昊弃得滴水不漏，没给曹薰铉一丝翻盘的机会。（1月31日第10版）

（3）"黑哨"的肆元忌惮，"黑药"的屡禁不止，给阳光灿烂的冬奥赛场抹上了重重阴影。（3月6日第9版）

（4）这家总部设在洛杉矶的中式快餐连锁店已经遍布美国的34个州。（3月8日第5版）

（5）斑驳的砖墙，倒圯的祠堂。（3月9日第4版）

例（1）中"灸"应为"炙"，"炙"的本义是烤熟的肉食，"炙热"乃炽热之义，修饰情感，语甚贴切；而"灸"是中医的一种疗法，汉语中亦无"灸热"一词。例（2）中"弃"当作"弈"，围棋实战虽有利用弃子战术争取全局主动的，但到官子阶段，双方所占地域已基本确定，这时只要把彼此交界处的空位占完即可，官子阶段不可能再"弃"。例（3）中"元"当作"无"，例（4）中"矶"当作"矶"，形近致误。例（5）中"圯"当作"圮"，圯"音yí，《说文》："东楚谓桥为圯"，义为桥梁；"圮"音pǐ，《说文》："圮，毁也"，才是坍塌、倒塌之义，二字形近义殊，不可不辨。

2. 字形和字音都接近，但字义不同，这种也比较容易混淆。如：

（1）假日孩子不能"脱僵"。（1月5日第2版）

（2）我吹萧，吹出的是寂寞。（1月23日第6版）

（3）吴明林铤身而出，带头向瘦贼追了过去。（4月1日第3版）

例（1）中"僵"应作"缰"，以缰绳作比，说明假期中孩子不能失去控制。例（2）中"萧"应作"箫"，"萧"本指艾蒿，"箫"才是可吹奏的管乐器名。例（3）中"铤"应作"挺"，"挺身而出"与"铤而走险"用法有别。

3. 如果两个字的字形、字音都接近，那么混淆的概率就更大，一不留神就会出错，是最需要仔细辨析的。如：

（1）将《石头记》中240首诗词歌赋和21幅对联按章回顺序排列刻在了9块石块上。（2月26日第7版）

（2）在搏弈的对局中，"静"是相对而短暂的，"动"是绝对而永恒的。（4月25日第7版）

（3）今年33岁的她已当了10年市政协委员，有一串令人眩目的头衔。（3月23日第3版）

（4）一座座城市感受到了这种眩目耀眼的机会之光。（6月25日第1版）

例（1）中"幅"当作"副"。"幅""副"二字均可作量词，但有细微区别："幅"主要用于图画、布帛等，如"一幅画""两幅布"；而"副"主要用于成组成套的东西，也用于面部表情、态度等，如"一副手套""一副笑脸"。对联是成对的，当然应当用"副"。"搏"指对打、搏斗。虽说棋局如战场，但文献从未有"搏弈"用例。"博"是古代的一种棋戏，"博弈"一词，古已有之，如《论语·阳货》："不有博弈者乎？"故例（2）中"搏"当作"博"。例（3）和例（4）中"眩"皆应作"炫"。《现代汉语词典》："炫，（强烈的光线）晃人的眼睛：炫目"。而"眩"是指"（眼睛）昏花：头昏目眩"，"炫目"与"目眩"，语义不同，用字各别，不可相混。以上两大类，占了报纸错别字的绝大多数。除此而外，还有一种脱字衍字的情况，也很值得注意。

　　成语是一种定型的词组结构，有固定的说法和特定的含义，其形式不能随意改变。但在一些报纸杂志中，成语也经常被误用。如：

　　（1）但是，中华文化渊源流长，其派别各有不同，而且随着时代的发展亦会有不同的发展。

　　（2）这片世界里有雄壮的关雄乐章，也有隽永的无字歌；有绚烂夺目的光彩，也有瑕不掩玉的缺失。

　　（3）自卫军以方正和依兰为依托，整顿休养，秣兵厉马，日军自然不会甘休。

　　（4）在你眼里罗曼史是璧人的专利，而你，面对镜中这朵昨日黄花，你不可能成为爱人的掌心痣，那就是你所认为的春花秋月吧。

　　例（1）中"渊源流长"应是"源远流长"的误写。据《汉语成语考释词典》注解，"源远流长"原作"源浚流长"，指源头的水深，流过的地域就长，后世多作"源远流长"，多比喻根源深远，历史悠久。如王之道《水调歌头·张文伯生日》：不籍灵丹九转，不用蟠桃三窃，源远自流长。例（2）中"瑕不掩瑜"语出《礼记·聘义》："瑕不掩瑜，瑜不掩瑕，忠也。"形容缺点掩盖不了优点。"瑜"作"美玉的光泽"解，比喻优点。而"玉"是玉石的总称，瑜和瑕都以玉为载体，玉与瑜是一种整体与部分的关系。因此，在运用这个成语时，不可以用玉代替瑜。例（3）中"秣兵厉马"应该是"厉兵秣马"的误用。"厉兵秣马"语出《左传·僖公三十三年》："郑穆公使视客馆，则束载厉兵秣马矣"，指做好战斗前的准备工作，也作"秣马厉兵""兵厉马秣"。成语，即是已经固定的不可随意改动的词语，因此，例句中这种任意调换字词位置的情况，违反了成语的原则。关于"昨日黄花"和"明日黄花"的争论一直没有停止过，报纸文章中更常见的是前者，然而，到底是昨日还是明日呢？其实，历史上根本没"昨日黄花"之说，是后人根据现代人的思维方式理解"明日黄花"时杜撰而成。"明日黄花"语出苏轼《九日次韵王巩》诗："相逢不用忙归去，明日黄花蝶也愁"，原指重阳节过后逐渐萎谢的菊花，连蝴蝶也发愁了；后多比喻已失去新闻价值的报道或已失去应时作用的事物。所以，例（4）中的"昨日黄花"应该改成"明日黄花"。

上述的现象都是因为文字使用者自身文化水平不高或者无意中犯的错误，还有一种是故意犯错。如在一些广告中，为了达到出其不意的效果，故意篡改成语、熟语。

成语、熟语这种固定形式的词组为人们所熟悉，如果在广告中运用恰当，可以达到新颖、巧妙、让人耳目一新之感，同时由于人们熟知这种形式，所以也很容易被记住。但如果违背一定的语言运用规律，生拉硬扯，可能就会适得其反，误导人们。常见的改动成语的广告如：

（1）骑乐无穷（某摩托车广告语）
（2）一明惊人（某眼病治疗仪广告语）
（3）无胃不至（某治胃药广告语）
（4）饮以为荣（某饮品广告语）
（5）天尝地酒（某酒类广告语）
（6）食全食美（某酒店广告语）
（7）咳不容缓（某止咳药广告语）
（8）闲妻良母（某洗衣机广告语）
（9）默默无蚊（某杀蚊剂广告语）
（10）有痔不在年高（治痔疮药广告语）

二、网络语言

网络语言是指网络上使用的、有自身特点的自然语言。随着网络的普及，网络语言越来越发达。网络语言已经突破网络的限制，对人们日常生活中的语言产生了一定的影响。

网络语言具有新、活、杂的特点。所谓的新，是指新的形式和新的组合。索绪尔曾经论述过语言的革新问题，说语言好像一件袍子，缝满了补丁，补丁所用的材料是从衣服本身剪下来的。也就是说，语言的革新手段主要是旧材料的重新排列。就网络语言来说，"字还是那些字，音还是那些音"，但字词组合以及词语的意义却发生了很大的变化，刚踏入网络天地的人几乎是听不懂、看不懂的。

如："酱紫"的意思是"这样子"，"4"可以表示"for"，"B4"可以表示"before（从前）"，"BF"表示"boy friend"，"GF"表示"girl friend"，"CU"表示"see you"，"7×24"表示"全天候服务"，"FAQ"表示"经常问到的问题"等。另外一些旧语素的新组合也产生了新的意思，如烧钱、技术牛仔、骨灰级网民、间谍软件、冲浪、私聊、脱光等。

"活"是指网络语言灵活多变，没有一定之规，同时也指其以口语为主，生动活泼的形式。例如：纳斯达克是英语"NASDAQ"的音译，而"NASDAQ"则是"National Association of Securities Dealers Automated Quotations"的缩写，即美国证券交易商协会自动报价系统。同类的证券市场在不同国家有不同的名称，英国叫"Alternative Investment Market"，缩写为"AIM"；日本称为高增长及新兴股票市场，英文缩写是"MOTHERS"；在我国正式名字叫"第二交易系统"。又如"e-mail"有"电子邮件""电子函件""伊妹儿"等几种叫法；聊天室的"版主"是指"BBS"的管理员，被写成"斑竹""班主""版猪"；同样的，"管理员"有时候写成"管理猿"。

口语化活泼的语言也是活的一种表现。为了交际的便利、快捷，产生了很多新鲜的说法。如"楼上""楼下""灌水""坛子""水军""跟帖""回帖""老鸟""老猫"等。由于人们常用拼音输入法，"大虾"比"大侠"输入更快捷，同时人们也能心领神会，而且觉得耳目一新。所以相应的"斑竹""瘟到死""瘟酒吧"也相应出现。甚至数字、字母组合也能灵活运用，如"7456"表示"气死我了"，"ASAP"表示"越快越好"（"as soon as possible"）。

所谓的"杂"是指网络语言的表述成分庞杂，夹杂着不同来源的成分和要素。有的源自英语，如"秀（展示）"来源于英语的"show"，"脱口秀"是从"talk show"直译过来。有的源自港台地区的方言，如用"美眉"指代"妹妹"，是因为港台地区缺少轻声音节；"恐龙"指相貌丑陋的女生，"青蛙"指长相难看的男生，据说这样的说法源于台湾校园流行语。还有的源自文学作品（如网页编辑自称"小编"，可能源于"小生"）、流行语（如"酷"）、数字等。如：

您老不要生气伤了身子，8147、8147。其实这些俺一学就会。再说，丐帮也不一定要出口成脏嘛。

这段话里有谐音（数字谐音和谐音改成语），也有武侠小说词语（如丐帮）和方言（如人称代词"俺"）。还有用汉语拼音的缩写形式，如"GG"表示"哥哥"，"JJ"表示"姐姐"。另外，大量的符号也充斥其中，多以简单符号表示某种特定表情或文字，以表情居多。如"——"表示一个"无语"的表情，"O.O"表示"惊讶"的表情，"TT"表示"流泪"的表情，"｜｜｜"表示"汗"。符号表示文字的多与谐音有关。如"＝"表示"等"，"o"表示"哦"，"＊＊"表示不雅语言，"o（∩_∩）o""＾_＾"表示高兴的心情，"（︶︿︶）""╭∩╮"表示"鄙视你"。

网络语言以其新奇简练的形式、形象传神的描摹和幽默诙谐的表达方式深受网民的喜爱。"菌男""霉女"是指相貌丑陋的男女。这两个词与"俊男""美女"谐音，但是反其义而用之，"菌""霉"能立刻使人想到过期、变质的食物，与不好的事物很容易联系起来，体现了网络语言诙谐性的特点。

我们应该认识到，网络语言的产生与社会发展、文化繁荣、观念更新以及人们标新立异的心理有关，但这种语言中也有一些不健康、不规范的现象，不能放任其发展，如果网络语言无限制地出现在媒体报道、政府公文、课本教材中，就会对现代汉语造成不良影响。有些新词语有点匪夷所思，一些格调不高、相当粗俗的词语也在网上活跃；大量网上新用法相当不规范。这些不良的或不规范的语言表达方式给正处于语言学习阶段的中小学生带来不良影响。

面对网络时代语言中的不规范现象，我们应该怎么办？要树立科学的语言规范观，正确认识新时代面临的新问题，积极寻找对策加以引导和解决。国家语言文字工作部门应根据信息化社会的发展和网络时代的特点，及时制定新的规范和标准，对于新出现的失范现象应及时加以规范和引导。充分利用网络这个信息化的手段和平台，大力宣传倡导语言规范。政府及企事业单位的公文尤其要注意语言规范，对于字母词、外语词、异体字、繁体字、网络语言的使用应严格遵照国家文字法的规定。媒体要做语言规范的表率。媒体承担着传播语言规范的功能，应通过加强自我规范，从而对全社会起到积极引导和示范作用；学校应当成为语言规范的主要阵地，积极推广普通话，使用规范字，注重培养学生的语言听说、书写能力，对出现在课堂上、作业中的网络语言文字等失范现象更要积极引导加以规范。

本章主要参考文献及推荐阅读书目：

［1］ 李学勤. 古文字学初阶［M］. 北京：中华书局，1985.

［2］ 裘锡圭. 文字学概要［M］. 北京：商务印书馆，1988.

［3］ 石安石，詹人凤. 语言学概论［M］. 北京：高等教育出版社，1988.

［4］ 叶蜚声，徐通锵. 语言学纲要［M］. 北京：北京大学出版社，2010.

［5］ 岑运强. 趣味实用语言学讲话［M］. 北京：北京师范学院出版社，1991.

［6］ 陈世辉，汤余惠. 古文字学概要［M］. 长春：吉林大学出版社，1988.

［7］ 苏培成. 现代汉字学纲要［M］. 北京：北京大学出版社，1994.

［8］ 张舜徽. 说文解字导读［M］. 成都：巴蜀书社，1990.

［9］ 陈炜湛. 古文字趣谈［M］. 广州：花城出版社，1985.

［10］ 喻遂生. 纳西东巴文研究丛稿：第2辑［M］. 成都：巴蜀书社，2008.

［11］ 于根元. 网络语言概说［M］. 北京：中国经济出版社，2001.

附　　录

世界语言的谱系

　　语言的谱系分类也叫发生学分类，是根据语言的历史来源，按照语言的亲属关系对语言进行的分类。谱系分类的基本方法是历史比较法，这种分类法在 19 世纪欧洲的历史比较语言学中得到了广泛的运用。该分类法主要依据某一共同母语（又称原始母语）在分化过程中保留下来的共同特征（语音、词汇、语法等方面的共同成分）对语言进行归类。语言学家对若干种语言进行分析，发现这些语言具有共同的成分，或发现这些语言的某些演变有规律可循。根据这些特点，进一步推断出它们有共同的母语，从而得出这些语言跟这一共同的母语有谱系关系的结论。

　　谱系分类运用历史比较法，把世界上的语言按亲属关系的有无分为若干语系，又按亲属关系的远近，分为语族和语支等。语系指范围最大的亲属语言，同一个语系的语言，又可以根据相互之间关系密切的程度归并为不同的语族，如汉藏语系分成汉语语族、藏缅语族、苗瑶语族和壮侗语族等。在语族下面，还可以根据各语言间更加密切的程度分出若干个语支（或语群），如汉藏语系的藏缅语族又可以分为藏语支、缅语支、景颇语支、彝语支等等。

　　"语系"这个术语是从生物学中借用来的，是一个比喻性的说法。因为语言是一种社会现象，而不是生物现象。当一种原始母语分化时，首先分化出不同的方言，方言进一步分化形成不同的民族语言。在分化的过程中，原始母语本身已经不存在了。这些子语言与母语言之间有密切联系，但是原始母语和子语言不会同时存在，因为语言与语言之间的关系是一种历史继承关系。在历史的演进

· 145 ·

中，某一种语言一旦分化，就成为所分化出来的那些具体的语言。如，古拉丁语变成了意大利语、法兰西语、西班牙语、罗马尼亚语。语系与生物学上的母子、祖孙同堂现象是不一样的。

目前世界上的语言，基本分为汉藏语系、印欧语系、闪－含语系、阿尔泰语系、南亚语系、南岛语系、高加索语系、乌拉尔语系、达罗毗荼语系、尼日尔－科尔多凡语系、尼罗－撒哈拉语系、科依桑语系、爱斯基摩－阿留申语系、巴布亚语系、古亚细亚语系、澳大利亚语系，以及北美印第安诸语言和中南美印第安诸语言中的语系等，还有一些系属未确定的语言。

一、汉藏语系

汉藏语系（Sino-Tibetan family），又称作藏汉语系（Tibetan-Chinese family）。包括汉语、藏缅、苗瑶和壮侗（又称侗台）4 个语族，主要分布在亚洲东部、中部和东南部。除中国外，泰国、缅甸、越南、老挝、不丹、锡金、尼泊尔、柬埔寨、孟加拉、印度等也有分布。使用人口超过 10 亿。

汉藏语系语言的主要特点如下：

1. 语音方面，每个音节都有固定的声调，声调可以区别词汇意义，有的语言里还可区别语法意义。许多语言的元音分长短，声母有清浊的对立，有的语言里有复辅音。

2. 词汇方面，绝大多数语言的词由单音节单纯词和多音节复合词组成，复合词的构成方式常见的有：并列、修饰、支配、主谓等。绝大多数语言都有表示事物类别和动作行为单位的量词。

3. 语法方面，所有语言都以语序和虚词作为主要的语法手段来表达语法意义。语序固定，主语、谓语、宾语的基本语序有同有异。主语都在谓语前，但是有的宾语在动词后，有的宾语在动词前。广泛使用各种助词来表达复杂的语法意义。

二、印欧语系

印欧语系（Indo-European family），又称印度日耳曼语系（Indo-Germanic family）、雅（利安）欧语系（Aryo-European family），是当今世界上分布最广的语系，分布于欧洲、美洲、大洋洲，以及非洲和亚洲的部分地区，使用人口超过 15 亿。包括日耳曼、罗曼、凯尔特、波罗的、斯拉夫、希腊、印度－伊朗、阿尔巴尼亚、亚美尼亚等九个语族（不含已消亡的安纳托利亚、吐火罗语族）。

印欧语系语言的主要特点如下：

1. 语音方面，所有语言塞音较多，并有清浊对立；擦音较少；元音系统严密；以声调来区别词义的情况极少见。

2. 词汇方面，各语言的农业常用词比较相似，数词结构相近。

3. 语法方面，形态变化丰富，词类功能比较单纯，名词一般有性、数、格，动词有人称、数、式、态的变化。

（一）日耳曼语族

1. 西日耳曼语支有英语、德语、荷兰语、佛莱芒语、依地语、阿非利堪斯语、卢森堡语、弗里西亚语等。

英语为联合国六种工作语言之一，是目前国际上使用范围最广的一种语言，约有 11 亿人（其中为母语的有 3 亿人，第二语言的有 2. 5 亿人，作为外来语使用的有 5. 5 亿人左右）。

使用范围：英国、美国、爱尔兰、澳大利亚、新西兰、加拿大、巴哈马、牙买加、巴巴拉斯、圭亚那、特立尼达和多巴哥、新加坡、博茨瓦纳、喀麦隆、加纳、斐济、冈比亚、莱索托、利比里亚、马拉维、马耳他、毛里求斯、尼日利亚、津巴布韦、塞拉利昂、南非、基里巴斯、乌干达、赞比亚、圣卢西亚、所罗门群岛、肯尼亚、塞舌尔、纳米比亚、瓦努阿图、斯威士兰、巴基斯坦等国家和地区。英语是印度的正式联系语言，在埃塞俄比亚、格林纳达、汤加、约旦、菲律宾、坦桑尼亚等国家和地区也有人使用。世界上有很多国家和地区把英语作为国语和官方语言，因此也就有了各种地区性变体，如"美国英语""英国英语""牙买加英语"等。

英语共有 44 个音位：元音音位 20 个，辅音音位 24 个，元音中有长短音的对立，辅音清浊对立。词汇丰富，据估计当代英语大辞典收入的词条有 65 万至 75 万，词的用法也力求符合规范。名词有通格和所有格之分，代词有主格、宾格和属格之分，动词有时、体、态、数等范畴，语序和介词、助动词在语法结构中很重要，句子的基本语序是：主语—动词—宾语。

德语为德国、奥地利、瑞士、卢森堡等的国语或官方语言，在法国、意大利、比利时、俄罗斯、美国等也有人使用。

德语分为高地德语和低地德语两种方言。高地德语是民族共同语，有 5 个单元音和 3 个变元音，都有长短的对立，有 3 个复合元音；有 7 对 14 个清浊相对的辅音。词汇较丰富，估计有 30 万至 50 万，有继承词、借词和外来词。名词有 3 种性（阳性、阴性、中性）、4 个格（主格、宾格、与格、所有格）和两个数（单数和复数），动词的语法范畴包括人称、数、时（6 种）、语态、语式（直陈式、命令式、虚拟式）等。句子的结构特点：动词谓语为句子的核心，句子顺序为：连词或关系代词—主语和其他句子成分—动词谓语。

2. 北日耳曼语支有瑞典语、挪威语、丹麦语、冰岛语等。

（二）罗曼语族（又称意大利克语族、拉丁语族）

1. 东罗曼语支有意大利、罗马尼亚语、撒丁语、摩尔达维亚语、利托－罗曼语等。

意大利语为意大利、瑞士、梵蒂冈、圣马力诺等国家和地区的国语或官方语言。在美国、加拿大、阿根廷、巴西等也有人使用。

2. 西罗曼语支有法语、西班牙语、葡萄牙语、普罗旺斯语、卡塔兰语等。

法语为联合国六种工作语言之一。在欧洲、亚洲、非洲、北美洲均有分布，使用人口 1 亿多。

法语为法国、比利时、瑞士、卢森堡、喀麦隆、中非、乍得、刚果、贝宁、加蓬、马里、几内亚、海地、象牙海岸、扎伊尔、布隆迪、尼日尔、马达加斯加、科摩罗、毛里塔尼亚、摩纳哥、布基纳法索、阿尔及利亚、塞内加尔、卢旺达、瓦努阿图、吉布提、加拿大等国家和地区的国语或官方语言。在摩洛哥、突尼斯、老挝、越南、柬埔寨、黎巴嫩、叙利亚等也有人使用。

法语共有音位 36 个，其中元音音位 16 个，都是单元音，发音紧张而有力，清楚明亮，其中鼻元音 4 个；辅音音位 20 个，没有塞擦音；词重音落在最后一个音节上。法语新词较多，一个重要途径是向其他语言借词或借用词缀构词。名词没有格的变化，性和数主要通过名词前的冠词、限定词等来区别；只有人称代词还保留多种不同的形式；形容词也有性和数的变化，形容词一般放在被修饰的名词之后。动词有较为复杂的变位。句子的语序为：主语—动词—宾语。

西班牙语，又称卡斯蒂利亚语，为联合国六种工作语言之一。

分布在西班牙境内、美洲大陆、亚洲的菲律宾及非洲部分地区，使用人口约 2.5 亿。

西班牙语为西班牙、阿根廷、玻利维亚、智利、巴拉圭、巴拿马、哥伦比亚、古巴、哥斯达黎加、多米尼加、厄瓜多尔、萨尔瓦多、赤道几内亚、危地马拉、洪都拉斯、墨西哥、尼加拉瓜、秘鲁、委内瑞拉、乌拉圭等国家和地区的国语或官方语言。在巴西、美国、直布罗陀、安道尔、伯利兹等也有人使用。

西班牙语在语音、词汇、语法体系等方面继承了拉丁语的特点。共有 24 个音位，5 个单元音，19 个辅音，有大量的二合、三合元音。大部分词源自拉丁语，由于历史上民族间的接触，西班牙语还受过日耳曼语和阿拉伯语的影响。名词分阴性和阳性，有些词还有中性的痕迹，分单数和复数。动词仍保留相当多的拉丁语的屈折形式，但很有规则。由于动词的词尾已经足以表示人称，主语往往省略。

（三）斯拉夫语族

分布于欧、亚两洲，使用人口约 3.7 亿。

1. 东斯拉夫语支有俄语、乌克兰语、白俄罗斯语等。

俄语是联合国六种工作语言之一。主要分布在俄罗斯、西欧、美洲及中国，使用人口约 2.4 亿。

俄语为俄罗斯国语、官方语言，也在美国、中国以及西欧的一些国家和地区使用。

俄语有 42 个音位，5 个元音音位，37 个辅音音位，大多数辅音清浊相对；元音在非重读音节中发生明显的弱化，音质有时含混不清；词重音的位置不固定。词汇量丰富，词与词的语法关系和词在句中的语法功能主要通过词形变化来表示，是印欧语系中保留古代词形变化较多的语言之一。名词大都有 12 个形式，单、复数各有 6 个格；形容词有 20 ~ 30 个形式；动词形式可有一二百个，包括体、时、态、式、形动词、副动词等。实词一般都可以分解为词干与词尾，词干表示词的词汇意义，词尾表示语法意义，通常一个词尾包含几个语法意义。

2. 西斯拉夫语支有波兰语、捷克语、斯洛伐克语等。

3. 南斯拉夫语支有塞尔维亚 – 克罗地亚语、保加利亚语、斯洛文尼亚语、马其顿语等。

（四）印度－伊朗语族

1. 印度语支，又称印度－雅利安语支，有印地语、孟加拉语、旁遮普语、马拉蒂语、比哈尔语、古吉拉特语、乌尔都语、奥利亚语、拉加斯坦语、僧伽罗语、阿萨姆语、尼泊尔语、信德语、吉普赛语、克什米尔语、比利语、康卡尼语、马尔代夫语等。

印地语是印度的官方语言之一，是从古梵语发展演变而来的一种现代印度－雅利安语。分布于印度中部和北部，使用人口2亿多，是印度国内最通行的语言。

印地语标准语有元音11个，10个原有的元音有对应的鼻化形式，辅音43个，辅音有清浊的对立，清音中还有送气与不送气的对立；没有重音和声调。基本词汇大部分从梵语演变而来，有大量的借词。名词有阴性和阳性，单、复数范畴；动词有人称、性、数、体、时、式、态等范畴，句子的基本语序为：主语—宾语—动词。

2. 伊朗语支有波斯语（又名法尔西语）、普什图语、塔吉克语、库尔德语、俾路支语、奥赛梯语等。

三、闪－含语系

闪－含语系（Semito-Hamitic family），又称阿非罗－亚细亚语系（Afro-Asiatic family）、亚非语系。主要分布在西南亚阿拉伯半岛、非洲北部和东部，北至高加索山区、南达赤道附近的范围内，横跨亚、非两洲。使用人口2亿多。有闪语族（又称闪米特语族）和含语族（又称含米特语族）。

闪－含语系语言的主要特点如下：

1. 语音方面，辅音在语言中的作用非常重要，普遍使用喉辅音和加强语气的喉音化辅音；除乍得语外都没有声调。

2. 词汇方面，词根、语素由辅音构成，语法意义由元音或词头、词尾来表达。

3. 语法方面，形态变化丰富，名词一般有性、数、格、式等范畴，动词一般有人称、数、性、时态、语态等范畴；基本语序为：动词—主语—宾语。

（一）闪米特语族

闪米特语族包含有北阿拉伯语支、卡纳安尼蒂语支、阿拉米语支、埃塞俄比亚语支等四个语支。

阿拉伯语属于北阿拉伯语支，为联合国六种工作语言之一。主要分布于西亚和北非的22个阿拉伯国家和地区，是伊斯兰教的宗教语言，使用人口约2亿。阿拉伯语为埃及、苏丹、利比亚、吉布提、阿尔及利亚、毛里塔尼亚、沙特阿拉伯、也门、南也门、科威特、阿曼、以色列、巴林、卡塔尔、伊拉克、叙利亚、约旦、摩洛哥、突尼斯、阿拉伯联合酋长国、黎巴嫩等国家和地区的国语或官方语言。在坦桑尼亚、乍得、埃塞俄比亚、索马里、科摩罗、巴勒斯坦等也有人使用。

阿拉伯语有元音8个，辅音28个，辅音中以有较多的顶音和喉音为特色。阿拉伯语是一种综合型语言，词大都有内部曲折，构词法和词形变化有独特的规则：词根通常由3个辅音搭成框架，填进不同的元音或附加词尾，形成不同的词或赋予不同的语法意义。有名词、动词、虚词三大类，可做主语、宾语的词都列入名词范畴，名词有性、数、格、式（确指和泛指）的区别；动词有人称、性、数、时态及语态等各种变化形式，实词在句中的地位都由格的形式来显示，语序有较大的灵活性，但修饰语只能紧跟在被修饰语之后，句子的一般词序为：动词—主语—宾语。

（二）含米特语族

含米特语族包含柏柏尔语支、库施特语支、古埃及语支、乍得语支等四个语支。

四、阿尔泰语系

阿尔泰语系（Altaic family）分布范围西起巴尔干半岛，经中亚地区直达蒙古及中国，东至亚洲东北部。使用人口约2.3亿（一说0.9亿）。有突厥语族、蒙古语族、满—通古斯语族。有关阿尔泰语系的划分争议比较多。

阿尔泰语系语言的主要特点如下：

1. 语音方面，辅音系统简单，辅音和复辅音较少；元音很多，大部分语言中有"元音和谐"（一个词内的所有元音共享某些特征，如舌前音、圆唇音等）现象；一般都不是有声调语言，有固定重音。

2. 词汇方面，语系内语言属于黏着型语言，词根后的附加成分表示语法意义，一个词根后可以有几个附加成分，表达不同的语法意义。

3. 语法方面，有无定冠词；修饰成分多用后置词，不用前置词；有性范畴，常使用各种语法格。基本语序为：主语—宾语—动词。

五、南亚语系

南亚语系（Austro—Asiatic family），又称奥斯特罗－亚细亚语系。主要分布在南亚和东南亚。使用人口约 0.92 亿。有孟－高棉语族、蒙达语族、马六甲语族和尼科巴语族。包括 100～150 种语言，目前尚未完全肯定。

南亚语系语言的主要特点如下：

1. 语音方面，语系内语言的辅音系统整齐简单，有复辅音；元音系统丰富，分高、前、中、后四级；除越南语等少数语言外，都是无声调语言。

2. 词汇方面，用语音交替构词，用附加成分构词和区别词类；人称代词有单数、双数和复数之分，用元音交替表达。

3. 语法方面，形容词在所修饰的名词后边；基本语序为：主语—动词—宾语；蒙达语族语序为：主语—宾语—动词。

（一）孟－高棉语族

孟－高棉语族有高棉语、孟语、卡西语、佤语、布朗语、德昂语等。主要分布于从印度东北部到柬埔寨和越南等东南亚的许多地区，是南亚语系中语言最多（约 100 种）、地理分布最广（越南、老挝、柬埔寨、马来西亚、缅甸和中国南部等）和使用人口最多（约 0.35 亿）的一个语族。有的学者将该语族分为七个语支：佤语支－德昂、孟语支、克穆语支、越－芒语支、卡图（甲土）语支、巴那马语支、比尔语支。

越南语，有人把它归入汉藏语系壮侗语族，有人认为系属不明。系越南官方语言。在老挝、柬埔寨也有人使用。

（二）蒙达语族

蒙达语族有桑塔利语、蒙达利语、霍语、萨瓦拉语、科尔摩语等。

六、南岛语系

南岛语系（Austronesia family），又称奥斯特罗尼西亚语系、马来－波利尼西亚语系（Malayo-Polynesian family）。主要分布在东起智利的复活节岛，西至马达加斯加，南起新西兰岛，北至台湾、夏威夷的广大地区。使用人口约 2.5 亿，有印度尼西亚、波利尼西亚、梅拉尼西亚、密克罗尼西亚四个语族，包括 300～500 种语言，具体数目不太确定，是世界上最大的语系之一，语系内语言属于黏着型语言。

南岛语系语言的主要特点如下：

1. 语音方面，没有声调，音位数目较少。

2. 词汇方面，广泛用附加成分来构形和构词，附加成分分前加、中加、后加三种，以前加为主，有的用重叠的方式来表示复数。

3. 语法方面，代词和动词常用不同的语法形式表达各种不同的语法意义；人称代词为主体时常跟谓语动词黏合在一起，构成一个综合式的不可分割的整体；句子成分的基本语序为：动词—主语—宾语。

印度尼西亚语族中的印度尼西亚语，是印度尼西亚的官方语言，使用人口超过 8 500 万，占全国总人口的 62%。

印度尼西亚语有单元音 6 个，复合元音 3 个，辅音 25 个。词汇中吸收了大量的梵语、阿拉伯语、英语和中国闽南方言的词语。词缀非常丰富，构词和构形能力很强，词的重叠也起构词和构形的作用。名词的重叠形式可以表示复数，名词、代词没有性、格的语法范畴；动词没有表示时态的语法范畴，但有表示体、式、语态的语法范畴。被动语态的句型较多，在有标记的被动句型中有多种不同形式的词缀表示不同的语法意义，也有用词的组合表示被动语态。句子成分的基本次序是主语—动词—宾语，定语在中心语之后。

七、其他语系

世界的语言还有高加索语系、乌拉尔语系、达罗毗荼语系、尼日尔－科尔多凡语系、尼罗－撒哈拉语系、科依桑语系、爱斯基摩－阿留申语系等。

（一）高加索语系

高加索语系（Caucasian family）主要分布于黑海和里海之间高加索山脉地区。有南部语族（又称卡尔特维利亚语族或伊比利亚语族)、东北语族(又称纳克赫－达吉斯坦语族)、西北语族(又称阿布哈慈－阿迪格语族)三个语族,约有 40 种语言。使用人口 0.05 亿多。该语系虽然分布面积不大,但却是世界上语言最密集的地区之一,因语言纷繁复杂,高加索山被称为"语言之山"(mountain of languages)。

南部语族有三种语言:格鲁吉亚语、斯万语和赞语,其中格鲁吉亚语使用人数最多,有大约 300 万人使用。东北语族包括大约 27 种语言,使用人数大约 130 万,主要语言有:车臣语、阿瓦尔语、达尔戈瓦语、印古什语等。西北语族只包括三四种语言,有 40 多万人使用。

高加索语系语言的主要特点如下:

1. 语音方面,语系内语言有爆发音。

2. 语法方面,有格系统、唯被动语法。

(二) 乌拉尔语系

乌拉尔语系主要分布于斯堪的那维亚以东越过乌拉尔山脉至亚细亚北部的广大地区。有芬兰－乌戈尔语族和萨摩耶德语族,使用人口约 0.22 亿。约有 20 种语言。

芬兰－乌戈尔语族有十多种语言:芬兰语、摩尔多瓦语、爱沙尼亚语、匈牙利语等,其中使用人数最多的是匈牙利语,有 0.134 亿人使用。萨摩耶德语族支包括涅涅茨语、塞尔库普语、牙纳桑语等,使用人数不多。

乌拉尔语系语言的主要特点如下:

1. 词法方面,名词都有数和格。

2. 语法方面,芬兰－乌戈尔语族各语言句子的基本语序为:主语—动词—宾语。萨摩耶德语族各语言句子的基本语序为:主语—宾语—动词。

(三) 达罗毗荼语系

达罗毗荼语系(Dravidian family),又称德拉维达语系。主要分布于印度中部和南部、斯里兰卡北部和巴基斯坦等。有南部、中部和北部三个语族。所包括的语言种类目前尚无法准确统计,有人认为有 20 多种语言。使用人口约 1.5 亿。

南部语族的语言有:泰米尔语、马拉雅拉姆语、坎纳达语、图卢语等。其中泰米尔语使用人数最多,有约 4 700 万人,是印度的官方语言之一。中部的语言主要有：泰卢固语、贡迪语、库依语等。其中在印度的泰卢语使用人数最多，有 5 200 万人。北部语族的语言主要有：库鲁克斯语、马尔托语、布拉会语等。

达罗毗荼语系语言的主要特点如下：

1. 语音方面，语系内的语言元音分长短；重音多在第一个音节上。

2. 词汇方面，属黏着型语言。

3. 语法方面，语系内各语言句子的基本语序为：主语——宾语——动词。

（四）尼日尔－科尔多凡语系

尼日尔－科尔多凡语系（Niger-Kordofanian family），又称尼日尔－刚果语系（Niger-Congo family），是非洲最大的语系。分布在塞内加尔到肯尼亚之间这条直线以南的直到非洲大陆最南端的好望角的广大区域内。有科尔多凡语族和尼日尔－刚果语族，共有 900 多种语言，使用人数最多的是尼日尔－刚果语族的语言。使用人口 2 亿多。

尼日尔－刚果语族有六个大的语支：西大西洋语支、曼迪语支、贝努埃－刚果语支、古尔（也称沃尔特）语支、库阿语支、阿达马瓦－东部语支。其中使用人数超过 1 000 万人的有：斯瓦希里语、约鲁巴语（1 220 万，库阿语支）、弗拉尼语（1 000 万，西大西洋语支）；使用人数超过 100 万的有 38 种语言。科尔多凡语族仅包括少数几种使用人数少而且分布范围仅限于苏丹科尔多凡省努巴山区的语言。因此有人干脆将这一语系直接称为尼日尔－刚果语系，把六个语支升格为六个语族。

尼日尔－科尔多凡语系语言的主要特点如下：

1. 语音方面，语系内的语言通常有鼻元音；音节多为元音字母结尾的开音节；绝大多数是有声调语言，仅仅只是斯瓦希里语没有声调。

2. 语法方面，语系内各语言句子的基本语序为：主语——动词——宾语。

斯瓦希里语属于尼日尔－刚果语族贝努埃－刚果语支，是坦桑尼亚、肯尼亚的官方语言之一，通行于非洲中部和东部，是非洲最重要的语言。使用人口约 5 000 万，是该语系中使用人口最多的语言。

（五）尼罗－撒哈拉语系

尼罗－撒哈拉语系（Nilo-Saharan family）主要分布在非洲中部偏东地区，基本上位于闪－含语系和尼日尔－刚果语系所分布的地区之间。有沙里－尼罗语族、撒哈拉语族、马巴语族、科马（一译为科姆兹）语族等四个语族，另有福尔语和桑海语。有约 20 种语言，使用人口近 3 000 万人。

沙里－尼罗语族的主要语言有丁卡语、卢奥语、努埃尔语等；其中丁卡语使用人数最多，为 150 万。撒哈拉语族的主要语言有卡努里语等；使用人数为 200 万，是该语系使用人数最多的语言。马巴语族的主要语言有马巴语。

尼罗－撒哈拉语系语言的主要特点如下：

1. 语音方面，语系内的语言都有"元音和谐"现象，词尾元音不发音，鼻元音较少；都是有声调语言。

2. 语法方面，名词有格范畴，但无类别；动词性派生词比较普遍。

（六）科依桑语系

科依桑语系（Khoisan family）是霍屯督人和布须曼人以及非洲南部其他非班图人使用的一组语言，较集中地分布在非洲南部。该语系因霍屯督人称自己为"科依"，称布须曼人为"桑"，将二者结合而得名。分为北部、中部和南部三个语族，共有 15 种语言，使用人口 15 万人，是世界上使用人口最少的语系。主要有霍屯督语（在纳米比亚）、布须曼语（在博茨瓦纳、南非、纳米比亚）、散达维语（在坦桑尼亚）、哈察语（在坦桑尼亚）。

科依桑语系语言的主要特点如下：

1. 语音方面，语系内的语言有一个突出的特点：吸气音构成辅音的一个分系统（这在全世界几乎是独一无二的），吸气音从 3 到 7 个不等；有鼻元音；都是有声调语言。

2. 词汇方面，多数名词、形容词、动词的词根都为双音节。

（七）北美印第安诸语言

北美印第安语言有许多语系：阿尔冈基亚语系、阿塔帕斯卡语系、易洛魁语系、乌拉－阿兹台克语系、奥托－曼克亚语系、玛雅语系和萨利香语系、佩纽蒂亚语系、尤马语系、苏语系、摩斯科洛语系、基诺亚语系、宗尼语系、佐基语系等。

（八）　中南美印第安诸语言

中南美印地安诸语言有许多语系：大奇布钱语系、吉－帕诺－加勒比语系、安第斯赤道语系和凯楚亚语、艾马拉语、阿劳堪尼亚语和图皮语等。

（九）　爱斯基摩－阿留申语系

属于这一语系的有爱斯基摩语和阿留申语，使用人数几十万人。爱斯基摩语有 8 万人使用，人口分布在丹麦、俄罗斯、加拿大、美国等；阿留申语在俄罗斯和美国阿留申群岛使用。

（十）　巴布亚语系

属于这一语系的有巴布亚－新几内亚的恩加语、卡泰语、基怀语、奥洛科洛语，印度尼西亚的马林德语、宁博拉语等。

（十一）　古亚细亚语系

属于这一语系的有俄罗斯境内的楚克奇语、科里亚克语和捷尔缅语等。

（十二）　澳大利亚语系

属于这一语系的有澳大利亚的许多小的语言，如阿兰达语、门金语等。

（十三）　系属未确定的语言

1. 日　语

系日本国语，在美国夏威夷、巴西也有人使用；使用人数约 1.2 亿。近来有不少学者把它列入阿尔泰语系，是典型的黏着型语言。

2. 朝鲜语

系朝鲜和韩国的语言，也是中国、日本、俄罗斯等朝鲜族的语言；使用人数 0.63 亿多。近来有不少学者把它列入阿尔泰语系，是黏着型语言。

3. 巴斯克语

巴斯克人的语言，在西班牙、法国使用。有人把它归入印欧语系。

（注：以上有关世界语言的谱系分类主要参考《中国大百科全书·语言文字》，中国大百科全书出版社，1998 年版）

中国境内的语言和文字

一、语言情况

　　中国自古以来就是多民族聚居的国家，自中华人民共和国成立以来，实行民族平等和民族团结政策，政府组织科研人员对全国各民族的现状、历史、语言文字进行多次普查，到目前为止，已确定了 56 个民族。在除汉族以外的 55 个少数民族中，一个民族一种语言的比较多，有的民族说两种或两种以上的民族语言。个别少数民族使用汉语。中国少数民族语言的数目可能在 80 种以上。

　　在 55 个少数民族中，目前使用本民族文字的有 40 个，历史上曾使用过本民族文字的有 17 个。在中国境内，古今共使用过少数民族文字 57 种。

　　中国境内各民族语言的系属，按通行的说法，除朝鲜语和京语系属未定外，其余分属汉藏语系、阿尔泰语系、南亚语系、南岛语系和印欧语系。

　　汉藏语系包括汉语和藏缅、壮侗、苗瑶三个语族。汉语在语言系属分类中相当于一个语族的地位。据 1990 年中国人口调查的数字估计，说汉语的人口有 11.09 亿多。在中国，说藏缅语族语言的人口约有 2 200 万。分布在西藏、青海、甘肃、四川、云南、贵州、湖南、湖北、广西，包括藏语、门巴语、珞巴语、僜语、嘉戎语、羌语、普米语、独龙语、土家语、彝语、傈僳语、纳西语、哈尼语、拉祜语、白语、基诺语、怒语、景颇语、阿昌语、载瓦语等。在中国说壮侗语族语言的人口有 2 300 多万。分布在广西壮族自治区和云南、贵州、湖南、广东、海南五省，包括壮语、布依语、傣语、侗语、水语、仫佬语、毛南语、拉珈语、黎语、仡佬语等。中国境内说苗瑶语族语言的人口约有 940 万。分布在贵州、湖南、云南、四川、广东五省和广西壮族自治区，包括苗语、布努语、勉（瑶）语和畲语。阿尔泰语系包括蒙古、突厥、满通古斯 3 个语族。在中国说蒙古语族语言的人口约有 550 万。分布在内蒙古自治区、新疆维吾尔自治区和黑龙江、辽宁、吉林、青海、甘肃等省。蒙古语族包括蒙古语、达斡尔语、东乡语、东部裕固语、土族语和保安语。中国说突厥语族语言的有 840 多万人，分布在新疆维吾尔自治区和青海、甘肃、黑龙江等省。中国境内突厥语族包括维吾尔语、哈萨克语、柯尔克孜语、乌孜别克语、塔塔尔语、撒拉语、西部裕固语和图佤语。在中国说满－通古斯语族语言的人口约有 20 万。分布在新疆维吾尔自治区、内蒙古自治区和黑龙江省。满－通古斯语族包括满语、锡伯语、赫哲语、鄂温克语和鄂伦春语。现在满族通用汉语。南岛语系又称马来－波利尼西亚语系，中国台湾省高山族语言属此语系的印度尼西亚语族。高山族使用排湾、阿眉斯、布嫩、鲁凯、赛设特、卑南、邵、泰耶尔、赛德、邹、沙阿鲁阿、卡那卡那布等语言。说南亚语系（孟－高棉语族）语言的人口约 44 万，分布在云南省南部边疆地区。该语系在中国境内包括佤语、德昂语、布朗语。中国境内的印欧语系，只有属于斯拉夫语族的俄语和属于印度－伊朗语族的塔吉克语。说俄语的有 1.3 万多人，说塔吉克语的有 3.3 万人，共约 4.6 万人。少数民族语言的研究显示，中国有些少数民族在古代就有自己的语文学家。他们对本民族的语言文字进行研究，写出著作，取得重要成就。藏语学者图弥三菩札于 7 世纪参考梵文，根据藏语的语音结构，创制藏文。他还写出《三十颂》等语法著作。19 世纪中叶，司都·却吉久赞出版《藏文文法》。维吾尔族至晚在 8 世纪就参考粟特文创制回鹘文。维吾尔族学者马合木德·喀什噶里在 11 世纪调查西域和中亚一带的突厥语言，编写《突厥语词典》。蒙古族学者搠思吉斡节儿于 14 世纪初写的《蒙文启蒙》奠定了蒙文正字法的基础。中国现代语言科学工作者从 20 世纪 30 年代开始调查研究少数民族语言。

　　中华人民共和国成立后，1956 年中国科学院少数民族研究所、中央民族学院联合举办少数民族语言调查训练班，组织 700 多人的 7 个语言调查队，分赴有少数民族语言的 16 个省份调查蒙古、达斡尔、东乡、保安等 42 个民族的语言。三年的语言普查，主要取得以下成绩：①对有方言的语言，提出了划分方言的科学论据；②对各个语言的结构、语言亲属关系、语言之间相互影响，积累了大量的资料，并且有了比较全面的理解；③帮助要求创制文字的民族，提出了关于标准语基础方言和标准音的意见，并设计出拼音文字的方案；④在调查研究的实践中和专家的指导下，大批少数民族和汉族的语言学专业科研人员成长起来了。

二、中国境内各民族的文字概况

（一）基本情况

汉、回、满三个民族通用汉文，蒙古、藏、维吾尔、哈萨克、柯尔克孜、朝鲜、彝、傣、拉祜、景颇、锡伯、俄罗斯12个民族各有自己的文字。这些文字多数都有较长的历史。其中蒙古族使用一种竖写的拼音文字，通用于蒙古族地区。居住在新疆的蒙古族还使用一种以通用的蒙古文为基础而适合卫拉特方言特点的拼音文字。云南傣族在不同地区使用4种傣文。上述15个民族共使用17种文字。此外，傈僳族中大部分信仰基督教的群众，使用一种用大写拉丁字母及其颠倒形式的字母拼写傈僳语的文字，还有少数人使用当地农民创制的傈僳音节文字"竹书"。云南省东北部一部分信仰基督教的群众使用一种把表示声、韵、调的符号拼成方块的苗文。云南佤族中信仰基督教的少数群众使用拉丁字母形式的佤文。壮族、白族和瑶族中还有一部分人使用在汉字影响下创制的方块壮字、方块白文和方块瑶字。在中华人民共和国成立前，已使用文字的民族有21个，文字种类有24种。中华人民共和国成立后，又有壮、布依、苗、侗、哈尼、傈僳、佤、黎、纳西、白、土、瑶共12个民族和景颇族中说载瓦语的人使用新创制的以拉丁字母为基础的拼音文字。其中苗族因方言差别大，分别给其黔东、湘西和川黔滇三个方言创制了文字，给滇东北次方言也设计了一种文字方案。因此，现在共有16种拉丁字母形式的新文字。还有一些在历史上使用过，后来停止使用的文字，即突厥文、回鹘文、察合台文、于阗文、焉耆－龟兹文、窣利文、八思巴字、契丹大字、契丹小字、西夏文、女真文、东巴图画文字、沙巴图画文字、东巴象形文字、哥巴文、水书、满文等17种文字。这17种在历史上曾经使用过的文字，加上现在使用的40种文字，共有57种文字。

（二）文字类型

中国不但语言类型较多，文字类型也很丰富。从类型上看中国文字有非字母文字和字母文字两大类。

1. 非字母类

①图画文字。在中国发现的图画文字有两种。一种是云南省纳

西族的东巴图画文字，另一种是四川省凉山彝族自治州尔苏人的尔苏沙巴图画文字。这两种文字共同的特点是：尚未形成固定的行款，有从左向右的，也有由右到左的，既有由上到下的，也有由下到上的；常常利用字组构成的形象来表达比较复杂的意思；读出来的经文中的词语，一般都比写出来的字多。这两种文字都还不是成熟的文字，只是文字的雏形。

②象形文字。它既包括整体像某事物形体或状态的字和以象形字为基础构成的指事字，又包括由多个单体象形字结合构成的会意字和形声字。词根是单音节的汉藏语系语言使用这种象形文字，基本上都是一个字读一个音节。云南纳西族的象形文字和贵州水族的水书中的大部分字，都是一个字读一个音节。纳西族的象形文字有以下三个特点：一个字只能读一个音节；以单体象形字为主，也有形声字、会意字；就文字的作用说，已经由表意发展到表音。

③楷书化汉字和在汉字影响下创制的几种文字。有两类情况：字形结构虽受汉字的影响，但有自己的特点，借用汉字不太多。属这一类的有契丹大字，西夏文和女真文；大量使用音读汉字和训读汉字的方法表达自己的语言，也用形声或其他方法创制表达本族语词的新字。方块壮字、方块白文和方块瑶字，都属于这一类。

④音节文字。音节文字的共同特点是每个字表示一个音节，笔画比较简单。这一类文字，目前发现的有三种，即彝文、纳西族的哥巴文和云南迪庆藏族自治州维西县部分地区的傈僳族使用的"竹书"。

2. 字母类

字母文字也称拼音文字。中国民族的字母文字可按字母形式的来源和其他情况，分成以下七类：

①藏文、八思巴字、傣文、于阗文、焉耆－龟兹文。这些文字的字母都是直接或间接参考印度的某种字母创制的。②窣利文、回鹘文、蒙古文、满文、锡伯文。窣利文来源于波斯时代的阿拉米文草书。回鹘文字母是参考窣利字母创造的。以后蒙古文字母的制定又参考了回鹘字母，满文字母的制定则参考了蒙古文字母。锡伯文是满文的延续。③察合台文、维吾尔文、哈萨克文、柯尔克孜文。这四种文字都以阿拉伯字母为基础。同一字母的单写，在词头、词中、词尾、书写形式略有不同。④突厥文。根据突厥文献早期发现的地点，又称鄂尔浑叶尼塞文。⑤朝鲜文、契丹小字和方块苗文。

这三种文字在汉字的影响下，都把属于一个音节的字母拼成一个方块。⑥俄文。新疆的伊犁、塔城等地有俄罗斯族人，他们使用俄文。⑦拉丁字母形式的文字。拉祜族、景颇族和佤族的文字，都是拉丁字母形式，中华人民共和国成立前就使用。

中国的少数民族中，还有一些有自己的语言而没有文字的，将根据他们的意愿，创制文字或者选用对他们适用的现有文字。

汉语方言分区情况简介

所谓方言的分区是指按照一定的语言标准，综合考虑方言的形成和发展的历史等因素，对具有相同特点的方言的归类。下面我们以《中国语言地图集》为参考，对汉语方言的分区情况做简单介绍。

一、官话方言

官话方言主要分布在汉语分布地区的北部，所以又叫北方官话、北方话。其覆盖地区囊括内蒙古、黑龙江、吉林、辽宁、北京、天津、河北、山东、河南、安徽、江苏、湖北、湖南、四川、重庆、云南、贵州、山西、陕西、宁夏、甘肃、青海、新疆、广西、江西、浙江等26个省份的1 500多个县市的全部或部分地区。按照其内部的差异，又可以分为东北、北京、胶辽、冀鲁、中原、兰银、西南、江淮八个次方言。

（一）东北官话

东北官话分布于172个市县旗，分吉沈、哈阜、黑松3片。根据各片的差异，吉沈片分为蛟宁、通溪、延吉3个小片；哈阜片分为肇扶、长锦2个小片；黑松片分为嫩克、佳富和站话3个小片。

1. 吉沈片共有50个县市，分布在辽宁省、吉林省和黑龙江省。

①蛟宁小片14个县市。

黑龙江：宁安　东宁　穆棱　绥芬河　海林　尚志　鸡东　鸡西

吉林：蛟河　舒兰　吉林　永吉　桦甸　敦化

②通溪小片30个县市。

吉林：通化市　通化县　柳河　海龙　浑江　靖宇　安图　抚松　集安　长白

辽宁：沈阳　西丰　开原　清原　新宾　法库　铁法　抚顺市　抚顺县　本溪市　本溪县　辽中　辽阳市　辽阳县　灯塔　鞍山　海城　凤城　铁岭市　铁岭县

③延吉小片 6 个县市。

吉林：延吉　龙井　和龙　汪清　图们　珲春

2. 哈阜片共有 65 个县市，分布在黑龙江省、吉林省、辽宁省和内蒙古自治区东部。

④肇扶小片 18 个县市。

黑龙江：哈尔滨　庆安　木兰　方正　延寿　宾县　巴彦　呼兰　阿城　五常　双城　肇源　肇州　肇东　安达

吉林：扶余　前郭　大安

⑤长锦小片 47 个市县旗。

吉林：长春　榆树　农安　德惠　九台　双阳　磐石　辉南东丰　伊通　东江　辽源　怀德　四平　梨树　双辽　长岭　乾安通榆　洮安　白城　镇赉

辽宁：阜新市　阜新县　锦州　昌图　康平　彰武　新民　黑山　台安　盘山　大洼　北镇　义县　北票　锦县　锦西　兴城绥中

内蒙古：通辽市　通辽县　乌兰浩特　林西　开鲁　敖汉　翁牛特

3. 黑松片共有 57 个县市，主要分布在黑龙江省，还有内蒙古自治区的少部分地区。

⑥嫩克小片 36 个县市。

黑龙江：嫩江　黑河　讷河　富裕　林甸　甘南　龙江　泰来杜尔伯特　大庆　德都　五大连池市　北安　克山　克东　依安拜泉　明水　青冈　望奎　海伦　绥棱　铁力　通河　塔河　漠河呼玛　孙吴　逊克　嘉荫　绥化　兰西　齐齐哈尔

内蒙古：满洲里　海拉尔　扎兰屯

⑦佳富小片 21 个县市。

黑龙江：伊春　鹤岗　汤原　佳木斯　依兰　萝北　绥滨　同江　抚远　富锦　饶河　宝清　集贤　双鸭山　桦川　桦南　勃利七台河　密山　林口　牡丹江

⑧站话小片零散分布于黑龙江省西部的肇源。

黑龙江：肇州　林甸　齐齐哈尔　富裕　钠河　塔河　嫩江呼玛　黑河　漠河

（二）北京官话

北京官话分为 4 片，分别是京师、怀承、朝峰、克石片。列举如下：

1. 京师片 10 个。

北京市辖区和 5 个郊区县：东城　西城　崇文　宣武　海淀　朝阳　丰台　燕山　门头沟　石景山　昌平　通县　顺义　大兴　房山

2. 怀承片 18 个县市。

北京：怀柔　密云　延庆

天津：武清

河北：承德市　围场　丰宁　隆化　滦平　平泉　三河　大厂　香河　廊坊　承德县　固安　深县

内蒙古：多伦

3. 朝峰片 9 个县市旗。

辽宁：朝阳市　朝阳县　建平　凌源　建昌　喀喇沁左翼

内蒙古：赤峰　宁城　克什克腾旗

4. 克石片是一个县市，分布在新疆北疆地区。

新疆：布尔津　富蕴　福海　哈巴河　吉木乃　托里　和布克赛尔　石河子市　克拉玛依市　温泉　博湖（南疆）

（三）胶辽官话

胶辽官话分布于山东省 30 个县市和辽宁省 14 个县市，共 44 个县市。可以分为青州、登连和盖桓 3 片。这 3 片的分布范围是：

1. 青州片 16 县市。

山东：青岛　潍坊　胶县　益都　临朐　沂水　五莲　胶南　诸城　安丘　昌邑　高密　崂山　平度　掖县　即墨

2. 登连片 22 个县市。

山东：荣成　文登　威海　牟平　乳山　烟台　海阳　长岛　蓬莱　黄县　栖霞　招远　莱阳　莱西

辽宁：长海　新金　庄河　金县　丹东　大连　复县　东沟

3. 盖桓片 6 个县市。

辽宁：盖县　桓仁　营口市　营口县　岫岩　宽甸

此外，在黑龙江省东部还有虎林和二屯 2 个胶辽官话方言岛。

（四）冀鲁官话

冀鲁官话区共有 165 个县市，分为 3 个片 13 个小片。

1. 保唐片 52 个县市，分为 6 个小片。

①涞阜小片 5 个县。

河北：涞源　阜平　蔚县　曲阳

山西：广灵

②定霸小片 24 个县市。

河北：保定　徕水　易县　完县　唐县　望都　满城　清苑
定兴　高阳　安新　徐水　容城　新城　雄县　文安　大城　霸县
永清　定县　安国　蠡县　博野

天津：静海

③天津小片天津市区内部方言不很一致，以旧城区为中心的老
天津话分布的大致范围是：西边从曹庄子起，沿津浦线到东边的徐
庄子、赵庄子，再向南经张贵庄、芦庄子、南马集到南端的大韩
庄，再向西北经大芦北口、卞庄、邢庄子回到曹庄子。

④蓟遵小片 14 个县市。

北京：平谷

天津：蓟县　宝坻　宁河

河北：唐山　玉田　兴隆　宽城　遵化　丰润　丰南　唐海
迁西　迁安

⑤滦昌小片 4 个县。

河北：滦县　滦南　乐亭　昌黎

⑥抚龙小片 4 个县市。

河北：抚宁　卢龙　青龙　秦皇岛

2. 石济片 69 个县市，分为 3 个小片。

⑦赵深小片 19 个县市。

河北：赵县　深县　深泽　正定　行唐　井陉　新乐　安平
饶阳　武强　石家庄　束鹿　无极　晋县　宁晋　高邑　武邑　藁
城　栾城

⑧邢衡小片 15 个县市。

河北：邢台市　南和　平乡　巨鹿　任县　内丘　临城　南宫
新河　冀县　邢台县（东部地区）　衡水　柏乡　隆尧　枣强

⑨聊泰小片 35 个县市。

河北：广宗　威县　清河　故城　吴桥　临西　丘县　馆陶
曲周　广平（县城以东）

山东：济南　泰安　德州　武城　夏津　临清　高唐　禹城
齐河　冠县　莘县　聊城　东阿　茌平　平阴　长清　历城　肥城
莱芜　新泰　淄博　沂源　蒙阴　沂南　陵县

3. 沧惠片 44 个县市，分为 4 个小片。

⑩黄乐小片 24 县市。

河北：黄骅　河间　肃宁　献县　青县　沧州　沧县　阜城
景县　泊头　任丘　南皮　东光　孟村　盐山　海兴

山东：乐陵　无棣　沾化　庆云　宁津　商河　临邑　平原

⑪阳寿小片 13 个县市。

山东：阳信　惠民　滨州　滨县　垦利　东营　济阳　高青
博兴　广饶　寿光　昌乐　潍坊

⑫莒照小片 3 个县市。

山东：莒县　莒南　日照

⑬章桓小片 4 个县。

山东：章丘　桓台　邹平　利津

（五）中原官话

中原官话分郑曹、蔡鲁、洛徐、信蚌、汾河、关中、秦陇、陇
中、南疆 9 片。

1. 郑曹片 99 个市县。

河南：郑州　荥阳　中牟　登封　通许　尉氏　宝丰　叶县
鲁山　郾城　平顶山　襄城　郏县　长葛　临颖　舞阳　禹县　西
平　泌阳　妆阳　开封　开封县　临汝　方城　唐河　新野　邓县
淅川　南召　社旗　镇平　许昌　许昌县　内乡　西峡　拓城　虞
城　永城　宁陵　民权　鹿邑　沈丘　南阳　南阳县　太康　郸城
濮阳　南乐　范县　台前　滑县　内黄　清丰　商丘　商丘县　长
原　封丘　原阳　浚县

河北：魏县（县城以东）　　大名

山东：东平　鄄城　郓城　嘉祥　巨野　荷泽　阳谷　梁山
定陶　平邑　费县　枣庄　临沂　苍山　临沭　郯城

安徽：亳州　界首　临泉　太和　阜南　涡阳　蒙城　利辛

濉溪　阜阳　阜阳县　淮北　宿州　宿县　灵璧

　　江苏：沛县　睢宁　宿迁　新沂　东海　赣榆

　　2. 蔡鲁片 30 个市县。

　　河南：上蔡　杞县　扶沟　西华　周口　淮阳　漯河　商水
项城　遂平　驻马店　汝南　确山　正阳　平舆　新蔡　淮滨

　　山东：曲阜　宁阳　汶上　兖州　泗水　邹县　济宁　金乡
单县　鱼台　滕县　微山

　　安徽：颍上

　　3. 洛徐片 27 个市县。

　　河南：洛阳　卢氏　渑池　洛宁　孟津　孟县　义马　新安
宜阳　栾川　嵩县　偃师　伊川　巩县　密县　新郑　鄢陵　兰考
睢县

　　山东：成武　曹县　东明

　　江苏：徐州　铜山　丰县

　　安徽：砀山　萧县

　　4. 信蚌片 19 个市县。

　　河南：桐柏　息县　罗山　潢川　光山　新县　固始　商城
信阳　信阳县

　　安徽：霍邱　金寨　寿县　凤台　固镇　蚌埠　凤阳　泗县
五河

　　5. 汾河片分为平阳、绛州、解州 3 个小片。

　　①平阳小片。

　　山西：汾西　洪洞　襄汾　临汾　霍县　浮山　古县　闻喜
沁水（城关）

　　②绛州小片。

　　山西：新绛　绛县　垣曲　侯马　曲沃

　　③解州小片。

　　山西：运城　蒲县　吉县　乡宁　河津　稷山　万荣　夏县
临猗　永济　芮城　平陆　安泽　翼城

　　河南：灵宝　陕县　三门峡

　　6. 关中片 45 个市县。

　　陕西：西安市　长安　高陵　蓝田　户县　周至　耀县　宜君
咸阳市　礼泉　泾阳　永寿　三原　彬县　兴平　乾县　旬邑　武

功　洛川　黄陵　黄龙　渭南市　韩城市　蒲城　白水　华阴　澄城　华县　合阳　富平　大荔　山阳　商南　城固　洋县　临潼　铜川市　淳化　宜川　潼关　洛南　丹凤　商县

甘肃：宁县

宁夏：径源

7. 秦陇片 69 个市县。

陕西：宝鸡市　宝鸡　岐山　凤翔　扶风　千阳　眉县　陇县　太白　麟游　凤县　长武　延安市　富县　甘泉　定边　延长　旬阳　安康　白河　平利　镇安　汉中市　南郑　宁强　勉县　西乡　略阳　柞水

甘肃：平凉市　灵台　泾川　华亭　崇信　庆阳　环县　华池　合水　正宁　镇原　礼县　西和　武山　甘谷　漳县　岷县　成县　陇西　景泰　敦煌　徽县　两当　武都　宕昌　康县　文县（不包括碧口镇）　舟曲　靖远　临潭

宁夏：固原　彭阳

青海：西宁市　平安　湟中　湟源　互助　门源　化隆　贵德

8. 陇中片 26 个市县。

甘肃：天水市　天水　清水　秦安　张家川　定西　会宁　通渭　临夏市　临夏　康乐　永靖　广河　和政　渭源　临洮　静宁　庄浪

宁夏：海原　西吉　隆德

青海：民和　乐都　循化　同仁　大通

9. 南疆片分布于天山山脉以南，共计 44 个县市。

南疆 34 个县市：焉耆　和静　若羌　库尔勒市　和硕　轮台　尉犁　且末　沙雅　新和　乌什　阿克苏市　拜城　库车　温宿　阿图什　阿克陶　疏附　疏勒　巴楚　莎车　泽普　伽师　喀什市　英吉沙　叶城　和田市　和田县　墨玉　皮山　洛甫　策勒　于田　民丰

东疆 3 个县市：吐鲁番市　鄯善　托克逊

北疆 7 个县市：昭苏　特克斯　巩留　伊宁市　伊宁县　霍城　察布查尔

（六）江淮官话

江淮官话分洪巢、泰如、黄孝 3 片。

1. 洪巢片 57 个市县。

安徽：合肥　肥东　肥西　霍山　六安　怀远　淮南　长丰　明光　定远　全椒　巢湖　天长　来安　滁州　和县　含山　无为　舒城　庐江　桐城　枞阳　安庆

江苏：扬州　洪泽　灌云　响水　沐阳　泗阳　灌南　滨海　涟水　射阳　连云港　阜宁　泗洪　淮安　盱眙　金湖　宝应　建湖　盐城　高邮　淮阴　淮阴县　江都　扬中　仪征　六合　江浦　靖江（临江的少数地区）　南通县（西部部分地区）　南京　镇江　江宁　句容　溧水

2. 泰如片 11 个市县。

江苏：泰州　泰县　泰兴　大丰　兴化　东台　海安　南通　南通县（西部部分地区）　如皋　如东

3. 黄孝片。

湖北：黄冈　黄陂　孝感　罗田　蕲春　英山　浠水　麻城　鄂州红安　应山　安陆　应城　黄梅　广济　云梦

江西：九江市　九江　瑞昌

（七）兰银官话

分为 4 片。

1. 金城片 4 个市县。

甘肃：兰州市　榆中　永登　皋兰

2. 银吴片 13 个市县。

宁夏：银川市　永宁　贺兰　石咀山　平罗　陶乐　吴忠市　青铜峡　同心　灵武　中宁　中卫　盐池

3. 河西片 17 个市县。

甘肃：嘉峪关市　玉门市　酒泉　金塔　安西　金昌市　永昌　张掖　山丹　民乐　高台　临泽　肃南　武威　民勤　古浪　天祝

4. 兰银官话北疆片改名塔密片，主要分布于天山山脉北麓，共 22 个县市。

北疆 19 个县市：乌鲁木齐市　乌鲁木齐县　米泉　阜康　呼图壁　玛纳斯　吉木萨尔　昌吉市　木垒　奇台　博乐市　精河　阿勒泰市　青河　沙湾　额敏　乌苏　塔城市　裕民

东疆 3 个县市：哈密市　伊吾　巴里坤

（八）西南官话

西南官话分布的地区很广，除四川、云南、贵州三省外，还有湖北、湖南、广西、陕西、甘肃、江西等省区的一些市县，共分为12片。

1. 成渝片：包括四川省除西部以外的87个市县区，湖北省西部19个市县，陕西省南部9个县，湖南省西北部3个县，甘肃省1个镇。

四川：成都市　德阳市　绵阳市　南充市　达县市　万县市
涪陵市　重庆市　渡口市　德阳　江北　万县　达县　南充　金堂
中江　绵竹　广汉　江油　青川　平武　广元　旺苍　剑阁　梓潼
三台　遂宁　蓬溪　安县　北川　苍溪　阆中　仪陇　南部　营山
蓬安　广安　岳池　武胜　华云工农区　万源　宣汉　开江　邻水
大竹　渠县　南江　巴中　平昌　通江　开县　白沙工农区　城口
巫溪　巫山　奉节　云阳　忠县　梁平　垫江　丰都　武隆　南川
长寿　巴县　永川　合川　荣昌　铜梁　璧山　大足　潼南　乐至
资中　资阳　简阳　安岳　米易　盐边　会东　会理　德昌　盐源
石柱　酉阳　黔江　彭水

湖北：恩施市　宜昌市　荆门市　宜昌　巴东　宣恩　利川
来凤　建始　五峰　远安　当阳　宜都　枝江　长阳　秭归　兴山
江陵　咸丰

陕西：佛坪　镇巴　镇坪　岚皋　紫阳　石泉　宁陕　留坝
汉阴

湖南：永顺　大庸　龙山

甘肃：碧口镇（属文县）

2. 滇西片：云南省西部37个县市，分为姚理和保潞2个小片。

姚理小片：东川市　大理市　鹤庆　漾濞　祥云　永平　永仁
大姚　姚安　禄劝　德钦　中甸　维西　巍山　南涧

保潞小片：保山市　畹町镇　腾冲　昌宁　龙陵　潞西　陇川
盈江　瑞丽　梁河　兰坪　永德　凤庆　双江　镇康　云县　施甸
泸水　碧江　福贡　耿马　贡山

3. 黔北片：包括贵州省北部27个市县区，云南省3个县，四川省1个县，湖南省西部4个市县。

贵州：遵义市　六盘水市　水城特区　万山特区　松桃　威宁

遵义　绥阳　道真　凤冈　余庆　正安　湄潭　铜仁　石阡　江口　毕节　黔西　织金　赫章　大方　金沙　纳雍　息烽　修文　开阳　瓮安

云南：威信　彝良　镇雄

四川：秀山土家族苗族自治县

湖南：凤凰　新晃　芷江　怀化市

4. 昆贵片：包括云南省东部和中部的76个市县，以及四川省1个县，贵州省20个市县区。

云南：昆明市　昭通市　曲靖市　玉溪市　楚雄市　个旧市　开远市　寻甸　宁蒗　新平　峨山　元江　路南　河口　屏边　墨江　澜沧　西盟　江城　孟连　沧源　师宗　鲁甸　巧家　宣威　会泽　富源　罗平　陆良　马龙　华坪　永胜　华宁　通海　江川　易门　澄江　富民　呈贡　晋宁　安宁　嵩明　宜良　文山　广南　西畴　马关　丘北　砚山　富宁　元谋　武定　禄丰　弥渡　南华　牟定　双柏　弥勒　蒙自　元阳　红河　石屏　泸西　金平　绿春　建水　景洪　勐海　麻栗坡　勐腊　思茅　普洱　临沧　镇沅　景东　景谷

四川：宁南

贵州：贵阳市　安顺市　六枝特区　盘县特区　兴义　普安　贞丰　望谟　册亨　安龙　兴仁　晴隆　长顺　清镇　普定　平坝　安顺　镇宁　紫云　关岭

5. 灌赤片：包括四川省西部67个市县区，贵州省北部9个县以及云南省东北、西北部10个市县。分为岷江、仁富、雅棉和丽川4个小片。

①崛江小片。

四川：泸州市　宜宾市　乐山市　西昌市　西昌　金口河工农区　温江　灌县　新都　崇庆　蒲江　双流　郫县　彭县　新津　邛崃　大邑　泸县　合江　纳溪　什邡　宜宾　南溪　古蔺　叙永　长宁　江安　兴文　珙县　高县　夹江　洪雅　丹棱　青神　眉山　彭山　犍为　沐川　荥经　峨眉　峨边　马边　雷波　綦江　江津　盐亭　射洪　西充

贵州：赤水　桐梓　仁怀　习水　务川　沿河　德江　思南　印江

云南：大关　绥江　水富

②仁富小片。

四川：内江市　自贡市　内江　隆昌　荣县　富顺　井研　仁寿　威远　筠连　冕宁

云南：盐津

③雅棉小片。

四川：雅安市　芦山　名山　汉源　石棉　天全　宝兴　泸定

④丽川小片。

云南：大理市　剑川　宾川　洱源　云龙　丽江

6. 鄂北片。

湖北：襄樊市　十堰市　丹江口市　老河口市　随州市　襄阳　南漳　谷城　枣阳　宜城　保康　郧县　郧西　房县　钟祥　潜江

7. 武天片。

湖北：武汉市　武昌　汉阳　京山　天门　沔阳　汉川　洪湖

湖南：临湘（黄盖湖农场与江南乡）

8. 岑江片。

贵州：岑巩　施秉　镇远　天柱　剑河　黎平　从江　台江　三穗　锦屏　榕江　玉屏

湖南：靖县　通道

9. 黔南片。

贵州：凯里市　都匀市　贵定　平塘　惠水　荔波　福泉　独山　罗甸　龙里　黄平　麻江　雷山　丹寨　三都

10. 湘南片。

湖南：永州市　郴州市　江华　零陵　宜章　临武　嘉禾　桂阳　郴县　新田　道县　江永　蓝山　东安　双牌　宁远

11. 桂柳片。

广西：南宁市　柳州市　合山市　桂林市　百色市　河池市　武鸣　马山　上林　宾阳　扶绥　隆安　龙州　柳江　柳城　融安　鹿寨　象州　武宣　来宾　忻城　阳朔　临桂　灵川　兴安　平乐　荔浦　恭城　昭平　蒙山　贺县　钟山　田东　平果　德保　靖西　那坡　凌云　乐业　田林　西林　宜山　罗城　环江　南丹　天峨　凤山　东兰　融水　三江　金秀　龙胜　富川　隆林　巴马　都安

12. 常鹤片。

湖北：鹤峰　松滋　公安　石首

湖南：常德市　常德　临澧　澧县　津市　安乡　汉寿　桃源　慈利　桑植　石门

二、吴　语

现代吴语主要分布在江苏省南部、上海市、浙江省全境，以及江西省、福建省和安徽省的小部分地区。大致可以分为太湖片、台州片、瓯江片、婺州片、处衢片、宣州片等 6 片。太湖片最大，分为毗陵、苏沪嘉、苕溪、杭州、临绍、甬江等 6 个小片。处衢片次之，分为处州、龙衢 2 个小片。

（一）太湖片

1. 毗陵小片。

江苏：常州市　武进（除沿江的圩塘、魏村、孝都、小河等乡）　丹阳　金坛（除漕河以西）　溧阳　宜兴　江阴（除西北角石庄乡及利港乡一部）　沙洲（除中心河以东、沙漕河以北）　靖江（除西南角新桥、东兴等乡）　南通县（县城金沙镇及周围乡村）　海门（北部包场等 12 个乡）　启东（北部吕四等 7 个乡）高淳（东部顾陇、永宁等 7 个乡）

2. 苏沪嘉小片。

江苏：南通县（东南部通海区九个乡及东北部三余区七个乡）如东（东南角）　沙洲（中心河以东、沙槽河以北）　启东（除北部吕四、三甲等七个乡）　海门（南部）　常熟市　无锡市　无锡县　苏州市　吴县　吴江　昆山　太仓

上海：上海市区　上海县　嘉定　宝山　川沙　南汇　奉贤　松江　金山　青浦　崇明

浙江：嘉兴市　嘉善　桐乡　平湖　海盐　海宁

3. 杭州小片。

浙江：杭州市（限城区及周围近郊区）

4. 临绍小片。

浙江：临安（旧昌化县昌北区及旧于潜县北部边境除外）　富阳　绍兴市　诸暨　嵊县　新昌　上虞　余姚　慈溪

5. 甬江小片。

浙江：宁波市　鄞县　奉化　宁海（岔路及其以南除外）　象山　镇海　定海　普陀　岱山　嵊泗

（二）台州片

浙江：临海　三门　天台　仙居　黄岩　椒江市　温岭　玉环　乐清（清江以北）　宁海（岔路以南）

（三）瓯江片

浙江：乐清（清江以西）　永嘉　温州市　欧海　瑞安　平阳（闽语区除外）　苍南（闽语区除外）　文成（除南田区）　泰顺（限百丈镇）　洞头（南部洞头、元觉、霓屿三岛东部的闽语区除外）　玉环（西南角）　青田（东部温溪区及万山区的黄洋、万山等乡）

（四）婺州片

浙江：金华市　兰溪　浦江　义乌　东阳　磐安　永康　武义（旧宣平县地区除外）　建德（姚村乡及旧寿昌县东南唐村、里叶二乡）

（五）处衢片

分为 2 个小片。

1. 处州小片。

浙江：丽水　缙云　宣平（今属武义县所辖）　云和　文成（南田区）　青田（温溪区及万山区一部除外）　泰顺（南部闽语区及百丈镇除外）　庆元（东部）

2. 龙衢小片。

浙江：龙泉　庆元（东部竹坪、合湖以东除外）　松阳　遂昌　衢州市　龙游　开化　常山　江山

江西：上饶市　上饶县　玉山　广丰　德兴（限陇头）

福建：浦城（南部石陂、水北、临江等五乡的闽语区除外）

（六）宣州片

分 3 个小片。

1. 铜泾小片。

安徽：铜陵　泾县　宁国　繁昌　南陵　宣城　芜湖县　当涂　青阳　贵池　黄山市（以上县市的部分地区）

2. 太高小片。

安徽：黄山市（东部南部）　宁国（南部南极等乡）　当涂（湖阳乡、博望乡）

江苏：高淳（西部）　溧水（南部）

浙江：临安（旧昌化县的昌北区）

3. 石陵小片。

安徽：石台（中部）　青阳（东南陵阳等乡，含城关旧派）泾县（限西南厚岸、包合、水东三乡）　黄山市（西北三丰地区部分乡村）　贵池（限南部灌口一带）

三、湘　语

湘语主要分布在湖南的湘水、资水、沅水流域以及广西的全州、兴安、灌阳和资源。湘语区分为以下 3 片。

（一）长益片

湖南：长沙市　长沙　湘潭市　湘潭　株洲市　株洲　平江　浏阳　宁乡　望城　湘阴　益阳市　益阳　桃江　沅江　汨罗　岳阳市　岳阳　南县　安乡　安化　衡阳市　衡阳　衡南　衡东　衡山　邵东　新邵　黔阳　洪江市　会同　绥宁

（二）娄邵片

湖南：娄底市　湘乡　双峰　涟源　冷水江市　新化　安化　邵阳市　邵阳　洞口　隆回　武冈　祁东　祁阳　城步　新宁　麻阳

广西：全州　资源　灌阳　兴安

（三）吉溆片

湖南：吉首市　保靖　花垣　古丈　泸溪　辰溪　溆浦　沅陵

四、赣　语

赣语主要分布在赣江中下游和抚河流域及鄱阳湖地区。湘东、鄂东南、皖南、闽西北、湘西南也有赣语。赣语区分为 9 片。

（一）昌靖片

江西：南昌市　南昌　新建　安义　永修　修水　德安　星子　都昌　湖口　高安　奉新　靖安　武宁　铜鼓

湖南：平江

（二）宜浏片

江西：宜春市　宜春　宜丰　上高　清江　新干　新余市　分宜　萍乡市　丰城　万载

湖南：浏阳　醴陵

（三）吉茶片

江西：吉安市　吉安　吉水　峡江　泰和　永丰　安福　莲花　永新　宁冈　井冈山　万安　遂川

湖南：攸县　茶陵　酃县

（四）抚广片

江西：抚州市　临川　崇仁　宜黄　乐安　南城　黎川　资溪　金溪　东乡　进贤　南丰　广昌

福建：建宁　泰宁

（五）鹰弋片

江西：鹰潭市　贵溪　余江　万年　乐平　景德镇市（城区）余干　波阳　彭泽　横峰　弋阳　铅山

（六）大通片

湖北：大冶　咸宁市　嘉鱼　蒲圻　崇阳　通城　通山　阳新　监利

湖南：临湘　岳阳　华容

（七）耒资片

湖南：耒阳　常宁　安仁　永兴　资兴

（八）洞绥片

湖南：洞口　绥宁　隆回

（九）怀岳片

安徽：怀宁　岳西　潜山　太湖　望江　宿松　东至　石台　贵池

五、闽　语

闽语是分布在我国东南沿海的重要方言，形成于福建并以福建为主要分布地域，因此按传统习惯称为闽语。实际上，闽语不仅分布在福建，在广东省、海南省、浙江南部以及台湾省都有分布。闽语可以分为6个区。

（一）闽南区

包括福建省南部、台湾省大部、广东省东部3个省53个县市。可分为3个片。

1. 泉漳片

福建：厦门　金门　同安　漳州　长泰　华安　龙海　漳浦　云霄　南靖　平和　东山　诏安　漳平　龙岩　泉州　晋江　南安　安溪　永春　德化　惠安

台湾：台北　基隆　宜兰　彰化　南投　台中　云林　嘉义　台南　屏东　高雄　台东　花莲　澎湖

2. 大田片

福建：大田

3. 潮汕片

广东：潮州　汕头　南澳　澄海　饶平　揭阳　揭西　潮阳　普宁　惠来　海丰　陆丰

（二）莆仙区

福建：莆田　仙游

（三）闽东区

可分为2个片。

1. 侯官片

福建：福州　闽清　闽侯　永泰　长乐　福清　平潭　罗源　古田　宁德　屏南　连江　尤溪

2. 福宁片

福建：福安　寿宁　周宁　柘荣　霞浦　福鼎

（四）闽北区

福建：建瓯　建阳　崇安　松溪　政和　南平　浦城（北部说吴语除外）顺昌（境内富屯溪以东各区乡）

（五）闽中区

福建：三明　永安　沙县

（六）琼文区

分布在海南岛14个县市，可分为5片。

1. 府城片

海口　琼山　澄迈　定安　屯昌　琼中

2. 文昌片

文昌　琼海

3. 万宁片

万宁　陵水

4. 崖县片

崖县　乐东

5. 昌感片

东方　昌江

六、粤　语

粤语主要分布在广东、广西、香港、澳门。

（一）广府片

广东：广州　番禺　顺德　南海　佛山　三水　清远　龙门
花县　从化　佛冈　东莞　宝安　深圳　增城　中山　珠海　英德
肇庆　高要　高明　新兴　云浮　电白　韶关　曲江　乐昌

广西：梧州市　苍梧　贺县（县城及其附近）　平南（丹竹、
大安二镇）

香港

澳门

（二）四邑片

广东：鹤山　新会　江门　斗门　恩平　开平　台山

（三）高阳片

广东：阳江　阳春　高州　茂名　信宜　廉江　湛江（部分地
区）　化州　吴川

（四）勾漏片

广东：四会　广宁　德庆　罗定　郁南　封开　怀集　信宜
阳山　连县　连山

广西：玉林地区　梧州地区

（五）吴化片

广东：吴川　化州　湛江（部分地区）

（六）邕浔片

广西：南宁　柳州　邕宁　崇左　宁明　横县　桂平　平南

（县城附近）

（七）钦廉片

广西：钦州市　北海市　合浦　浦北　灵山　防城

七、客家话

客家话分布于我国的广东、广西、福建、台湾、江西、湖南、四川等省份，其中以广东省东部、中部地区，福建省西部地区，江西省南部地区的客家人最集中。分布比较集中的客家话大致可以分为8片。

（一）粤台片

可分为4个小片。

1. 嘉应小片

广东：梅县市　蕉岭　平远

台湾：苗栗　新竹　桃园　屏东　高雄

2. 兴华小片

广东：兴宁　五华　大埔　丰顺　紫金

3. 新惠小片

广东：新丰　惠阳　惠东　宝安　龙门　佛冈　清远　从化
增城　海丰　陆丰　东莞

4. 韶南小片

（二）粤中片

广东：和平　连平　龙川　博罗　河源

（三）惠州片

广东：惠州市

（四）粤北片

广东：始兴　南雄　翁源　英德　乳源　仁化　连南　连县
阳山　乐昌

（六）汀州片

福建：长汀　永定　上杭　武平　宁化　清流　明溪　连城

（七）宁龙片

江西：宁都　兴国　石城　瑞金　会昌　安远　寻乌　信丰
定南　龙南　全南　广昌　永丰

（八）于桂片

江西：于都　赣县　南康　大余　崇义　上犹　宁冈　井冈山
永新　吉安　遂川　万安　泰和

湖南：汝城　桂东　酃县（部分）　　茶陵（部分）　　攸县
（部分）

（九）铜鼓片（所列县市部分地区）

江西：铜鼓　修水　武宁　靖安　奉新　高安　宜丰　万载

湖南：浏阳　平江

八、晋　语

晋语主要分布在山西省及其邻近地区，可以分为8片。

（一）并州片

山西：太原　清徐　娄烦　榆次　太谷　祁县　平遥　介休
灵石　交城　文水　孝义　寿阳　榆社　盂县

（二）吕梁片

山西省中部和陕西省北部共17个县，可分2个小片。

①州小片

山西：汾阳　离石　方山　中阳　临县　柳林

陕西：佳县　吴堡　清涧

②兴隰小片

山西：兴县　岚县　静乐　隰县　交口　石楼　永和　大宁

（三）上党片

山西：长治市　长治县　长子　屯留　潞城　壶关　黎城　平
顺　陵川　沁县　沁水（城关以东）　　沁源　武乡　襄垣　高平

（四）五台片

山西：忻州　定襄　五台　原平　岢岚　五寨　神池　宁武
代县　繁峙　灵丘　保德　河曲　偏关　平鲁　朔县　应县　浑源
阳曲

陕西：府谷　神木　靖边　米脂　子洲　绥德　子长

内蒙古：杭锦后旗　临河　磴口　乌海

（五）大包片

山西：大同市　大同县　阳高　天镇　右玉　左云　山阴　怀

仁　阳泉　平定　昔阳　和顺　左权

内蒙古：包头　固阳　武川　土默特左旗　土默特右旗　和林格尔　托克托　清水河　达拉特旗　东胜　准格尔旗　伊金霍洛旗　五原　杭锦旗　乌审旗

陕西：榆林　横山

（六）张呼片

河北：张家口　张北　康保　沽源　尚义　阳原　怀安　万全　宣化　崇礼　怀来　涿鹿　赤城　灵寿　平山　获鹿（城关以西）　元氏　赞皇

内蒙古：呼和浩特　卓资　凉城　集宁　丰镇　太仆寺旗　兴和　商都　化德

（七）邯新片

分成 2 个小片。

①磁漳小片

河北：邯郸市　邯郸县　涉县　武安　磁县　永年　沙河　肥乡　鸡泽　曲周（东里町以西）　广平（城关以西）　成安　临漳　魏县（棘林寨以西）　临城（城关以西）　内丘（城关以西）　邢台县（西部地区）

河南：林县

②济小片

河南：新乡　安阳市　安阳县　鹤壁　汤阴　辉县　淇县　汲县　延津　修武　获嘉　焦作　博爱　武陟　温县　沁阳　济源

山西：晋城　阳城

（八）志延片

陕西：志丹　延川　吴旗　安塞

九、徽　语

徽语分布于新安江流域的旧徽州府（包括今属江西省的婺源），浙江的旧严州府，以及江西的德兴、旧浮梁县（今属景德镇市）等地，位于整个皖南地区的南部。徽语区包括安徽、浙江、江西等 3 个省的 16 县市，分 5 片。

（一）绩歙片

安徽：绩溪　歙县（桂林乡江北、浙南移民除外）　旌德（西

南洪川一带）　　宁国（南部洪门乡）

浙江：淳安（西部唐村等地）

（二）休黟片

安徽：屯溪市　休宁　黟县　祁门（东南凫峰一带）　　黄山市（西南郭村等乡）

江西：婺源（原属徽州，1934年划归江西）

（三）祁德片

安徽：祁门　东至（东南木塔一带）

江西：景德镇市（限旧浮梁县）　　德兴（陇头说吴语除外）婺源（南部太白乡及赋春以西）

（四）严州片

浙江：淳安（含旧遂安县）　　建德（含旧寿昌县，下包、乾潭、钦堂及唐村、里叶属吴语除外）

（五）旌占片

安徽：旌德　祁门（安凌区）　　石台（占大区）　　黟县（美溪柯村二乡）　　宁国（胡乐乡一部分）

十、平　话

平话是广西汉语第四大方言，比较集中地分布在交通要道附近。从桂林以北的灵川向南，沿铁路（古官道路线）到南宁形成主轴线，柳州以下为南段，鹿寨以上为北段。北段从桂林分出一支，经阳朔、平乐到钟山、富川、贺县，是为北片。南段北端从柳州分出一支，沿融江到达融水、融安；南端从南宁由水路分出三支，右江支到百色，左江支到龙州，邕江支到横县，是为南片。两片的共同点是古全浊音今读塞音、塞擦音时一般不送气。

（注：分区主要参考香港朗文出版公司1988年版《中国语言地图集》和侯精一主编的上海教育出版社2002年版的《现代汉语方言概论》）

后 记

　　从进入大学当老师以来，我们一直在从事汉语语言学的教学与研究工作。在教学过程中，学生经常问到的问题就是"为什么学习现代汉语""语言学是什么、跟我们有什么关系"，平时跟朋友聊天，也要费半天口舌解释我所从事的工作是什么。而事实上，语言学和我们的生活息息相关，我们一刻也不能离开"语言"，所以生活中处处都有"语言学"，那么，如何让我们普通人了解语言学，了解这个时刻与我们相伴的现象？我们希望通过这样一本书，有选择地向读者介绍一些语言学知识。这就是我们写作本书的初衷。

　　本书的写作由贡贵训和于皓共同完成，先由二人共同商量出写作提纲。然后贡贵训负责撰写第一章、第二章、第三章、第四章和第七章，于皓负责第五章、第六章和附录。二人共写前言、后记。最后由贡贵训负责统稿和润色。

　　在收集材料的过程中，湖南科技学院"十二五"重点建设学科"汉语言文字学"团队的老师刘新征博士、周孟战博士、蒋诗堂、宋淑媛、黄丽、曾芳、宋艳旭以及外国语学院的何丽萍博士都给我们提供了很好的思路和帮助。本书写完之后，也请了唐嘉敏、周成等同学阅读初稿，他们提出了很好的建议。人文与社会科学学院院长潘雁飞教授、书记杨能山教授以及邓先军、包红光、李茂久诸位同仁都给我的工作提供了很多便利，在此一并感谢！

　　本书出版后，希望能让同学们感受到生活中的语言魅力、更多地了解生活中的语言现象，从而可以激发学习语言学、研究语言学的热情；也希望普通读者可以通过阅读本书提高对语言学的认识。

贡贵训　于皓

二〇一五年五月二十八日